プリント形式のリアル過去問で本番の臨場感！

広島県

如水館中学校

2025年春 受験用

解答集

本書は，実物をなるべくそのままに，プリント形式で年度ごとに収録しています。
問題用紙を教科別に分けて使うことができるので，本番さながらの演習ができます。

■ 収録内容

・解答集（この冊子です）

書籍ＩＤ番号，この問題集の使い方，最新年度実物データ，リアル過去問の活用，
解答例と解説，ご使用にあたってのお願い・ご注意，お問い合わせ

・2024（令和６）年度 ～ 2022（令和４）年度　学力検査問題

○は収録あり	年度	'24	'23	'22			
■ 問題(第1回入学試験)※		○	○	○			
■ 解答用紙		○	○	○			
■ 配点							

算数に解説があります

※英語リスニングの音声・原稿は非公表
注)問題文等非掲載:2024年度国語の一，2023年度適性IIの1

問題文の非掲載につきまして

著作権上の都合により，本書に収録している過去入試問題の本文の一部を掲載しておりません。ご不便をおかけし，誠に申し訳ございません。

本文の一部を掲載できなかったことによる国語の演習不足を補うため，論説文および小説文の演習問題のダウンロード付録があります。弊社ウェブサイトから書籍ＩＤ番号を入力してご利用ください。

なお，問題の量，形式，難易度などの傾向が，実際の入試問題と一致しない場合があります。

教英出版

■ 書籍ＩＤ番号

入試に役立つダウンロード付録や学校情報などを随時更新して掲載しています。
教英出版ウェブサイトの「ご購入者様のページ」画面で，書籍ＩＤ番号を入力してご利用ください。

書籍ＩＤ番号　119432

（有効期限：2025年9月30日まで）

【入試に役立つダウンロード付録】
「要点のまとめ(国語／算数)」
「課題作文演習」ほか

■ この問題集の使い方

年度ごとにプリント形式で収録しています。針を外して教科ごとに分けて使用します。①片側，②中央のどちらかでとじてありますので，下図を参考に，問題用紙と解答用紙に分けて準備をしましょう（解答用紙がない場合もあります)。

針を外すときは，けがをしないように十分注意してください。また，針を外すと紛失しやすくなりますので気をつけましょう。

① 片側でとじてあるもの

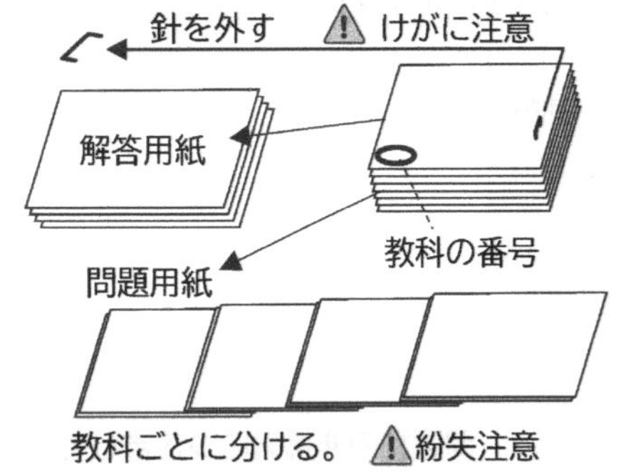

② 中央でとじてあるもの

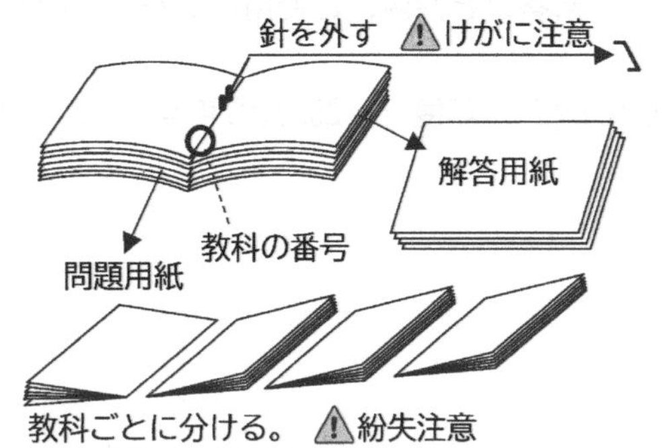

※教科数が上図と異なる場合があります。
解答用紙がない場合や，問題と一体になっている場合があります。
教科の番号は，教科ごとに分けるときの参考にしてください。

■ 最新年度 実物データ

実物をなるべくそのままに編集していますが，収録の都合上，実際の試験問題とは異なる場合があります。実物のサイズ，様式は右表で確認してください。

問題用紙	Ａ４冊子(二つ折り)
解答用紙	国・算・英・理・社：Ａ４片面プリント 適性：Ａ３プリント

リアル過去問の活用

~リアル過去問なら入試本番で力を発揮することができる~

本番を体験しよう！

問題用紙の形式（縦向き／横向き），問題の配置や余白など，実物に近い紙面構成なので本番の臨場感が味わえます。まずはパラパラとめくって眺めてみてください。「これが志望校の入試問題なんだ！」と思えば入試に向けて気持ちが高まることでしょう。

入試を知ろう！

同じ教科の過去数年分の問題紙面を並べて，見比べてみましょう。

① 問題の量

毎年同じ大問数か，年によって違うのか，また全体の問題量はどのくらいか知っておきましょう。どのくらいのスピードで解けば時間内に終わるのか，大問ひとつにかけられる時間を計算してみましょう。

② 出題分野

よく出題されている分野とそうでない分野を見つけましょう。同じような問題が過去にも出題されていることに気がつくはずです。

③ 出題順序

得意な分野が毎年同じ大問番号で出題されていると分かれば，本番で取りこぼさないように先回りして解答することができるでしょう。

④ 解答方法

記述式か選択式か（マークシートか），見ておきましょう。記述式なら，単位まで書く必要があるかどうか，文字数はどのくらいかなど，細かいところまでチェックしておきましょう。計算過程を書く必要があるかどうかも重要です。

⑤ 問題の難易度

必ず正解したい基本問題，条件や指示の読み間違いといったケアレスミスに気をつけたい問題，後回しにしたほうがいい問題などをチェックしておきましょう。

問題を解こう！

志望校の入試傾向をつかんだら，問題を何度も解いていきましょう。ほかにも問題文の独特な言いまわしや，その学校独自の答え方を発見できることもあるでしょう。オリンピックや環境問題など，話題になった出来事を毎年出題する学校だと分かれば，日頃のニュースの見かたも変わってきます。

こうして志望校の入試傾向を知り対策を立てることこそが，過去問を解く最大の理由なのです。

実力を知ろう！

過去問を解くにあたって，得点はそれほど重要ではありません。大切なのは，志望校の過去問演習を通して，苦手な教科，苦手な分野を知ることです。苦手な教科，分野が分かったら，教科書や参考書に戻って重点的に学習する時間をつくりましょう。今の自分の実力を知れば，入試本番までの勉強の道すじが見えてきます。

試験に慣れよう！

入試では時間配分も重要です。本番で時間が足りなくなってあわてないように，リアル過去問で実戦演習をして，時間配分や出題パターンに慣れておきましょう。教科ごとに気持ちを切り替える練習もしておきましょう。

心を整えよう！

入試は誰でも緊張するものです。入試前日になったら，演習をやり尽くしたリアル過去問の表紙を眺めてみましょう。問題の内容を見る必要はもうありません。どんな形式だったかな？受験番号や氏名はどこに書くのかな？…ほんの少し見ておくだけでも，志望校の入試に向けて心の準備が整うことでしょう。

そして入試本番では，見慣れた問題紙面が緊張した心を落ち着かせてくれるはずです。

※まれに入試形式を変更する学校もありますが，条件はほかの受験生も同じです。心を整えてあせらずに問題に取りかかりましょう。

如水館中学校

《国　語》

一　問一．エ　問二．ずっと前、～しまった。　問三．ぼくがひんぱんに口で呼吸をして、神経質なセキばらいをしているから。　問四．ア　問五．息のしかたがわからなくなり、死んでしまうかもしれないという不安。
問六．ａ．二年生　ｂ．十二歳　問七．ウ

二　問一．不測の事態　問二．Ａ．エ　Ｃ．オ　問三．柔軟性　問四．Ⅲ　問五．イ　問六．②エ　③エ
問七．ａ．柳　ｂ．対応　ｃ．しなやかさ

三　①イ　②イ　③ア　④ア　⑤ア

四　①ア　②イ　③ア　④ア　⑤イ

五　①イ　②オ　③ウ　④ア　⑤エ

《算　数》

1　(1)315　(2)59　(3)88　(4)2.5　(5)1　(6)202400

2　(1)0.5㎞　(2)34　(3)8　(4)56　(5)189　(6)3600円　(7)9通り

3　(1)4　(2)①6.28㎝　②62.8㎠　(3)75°

4　(1)750円　(2)660円　(3)12%引き

5　(1)$\frac{3}{14}$　(2)4個　(3)20

6　(1)10才　(2)D→B→E→C→A

《英　語》

【リスニング問題】

1～3　放送原稿(げんこう)非公表のため，解答例は掲載(けいさい)しておりません。

【筆記問題】

4　(1)C　(2)A　(3)D　(4)B　(5)A

5　(1)D　(2)C　(3)C　(4)A　(5)B

6　［2番目／4番目］　(1)［2／3］　(2)［4／3］　(3)［3／1］　(4)［2／4］　(5)［1／2］

7　(1)2　(2)2　(3)4　(4)3

8　(1)1　(2)2　(3)3　(4)4　(5)2

《理　科》

1　問1．①ア　②エ　③カ　④キ　問2．めす　理由…はらがふくれている／せびれに切れ込みがない／しりびれの後ろが短い　などから1つ　問3．(1)C→A→B→D　(2)はらに養分が入ったふくろがあるから。
(3)かいぼうけんび鏡　(4)(あ)レンズ　(い)調節ねじ　(う)反射鏡

2　問1．(ア)温度　(イ)光〔別解〕日光　問2．(1)A，F　(2)A，B　(3)A，D　(4)A，E　(5)A，C

3　問1．ウ　問2．ウ　問3．ア　問4．イ　問5．エ

4 問1．ウ　問2．イ　問3．ろ過　問4．(食塩は水の温度が)変化してもとける量は変化しない。／(ミョウバンは水の温度が)変化するととける量が変化する。

5 問1．支点　問2．1.6秒　問3．ウ　問4．ア　問5．ウ

《社　会》

1 (1)エ　(2)エ　(3)エ　(4)ウ　(5)ア　(6)ウ

2 Ⅰ．(1)ウ　(2)イ　Ⅱ．(1)ウ　(2)ア　Ⅲ．(1)イ　(2)エ　(3)エ

3 (1)イ　(2)ウ　(3)エ　(4)ウ　(5)イ　(6)ウ

4 (1)イ→ウ→ア　(2)ウ　(3)ウ　(4)エ　(5)エ　(6)環境基本法

《適性検査Ⅰ》

1 (1)6　(2)答え…27　説明…どの頂点からも6本の対角線を引くことができるので，対角線の本数は全部で，6×9＝54(本)になる。ところが，これでは，たとえば，AからCに向かって引いた対角線と，CからAに向かって引いた対角線をそれぞれ数えていることになる。よって，実際の対角線の本数はこの半分なので，54÷2＝27(本)

2 (1)重さ…軽くなった　説明…水蒸気や二酸化炭素が発生し，その分軽くなったから。　(2)ケーキを焼くときにベーキングパウダーが加熱され，生地の中に発生した二酸化炭素がケーキをふくらませる。

3 (1)【図1】2　【図2】8　【図3】16

(2)図…右図

通る点の順番…①→②→③→④→⑤→①→④／④→③→②→①→④→⑤→①　などから1つ

4 (1)適当な温度／十分な日光　(下線部はある程度高いでもよい)　(2)4つの鉢を用意して，1つの植物からとった種子をそれぞれ植えてつぼみの状態まで育てる。その後，「あたたかくて明るい場所」「あたたかくて暗い場所」「すずしくて明るい場所」「すずしくて暗い場所」の4つの場所に移動させて観察を続ける。

5 (1)A．5　B．2　(2)標高の高い場所にあり，かつ，多くの水を貯めることができる場所にダムを建設すればよい。

6 (1)20　(2)110　(3)答え…36.8　説明…うさぎが昼寝から起きた後，うさぎは220mを220÷100＝2.2(分)で走り，そこで忘れ物に気づき，取りにもどるのに2分かかっている。そこからゴールまでの，1000－400＝600(m)は，600÷120＝5(分)で走っているので，かかった時間の合計は，4＋41＋2.2＋2＋5＝54.2(分)

一方，かめはゴールまで1000÷20＝50(分)で歩いているので，うさぎはかめより，54.2－50＝4.2(分)おくれたことになる。よって，うさぎは昼寝の時間を，41－4.2＝36.8(分間)よりも短くすれば勝つことができる。

【算数分野の解説】

1 (1) ひとつの頂点から，その頂点と両となりの頂点へは対角線が引けないので，九角形で1つの頂点から引ける対角線の数は9－3＝6(本)である。

(2) (1)より，1つの頂点から引ける対角線は6本あるが，9個の頂点から6本ずつ引くと考えて数えると，同じ対角線を2回数えてしまうので，6×9を2で割る必要がある。

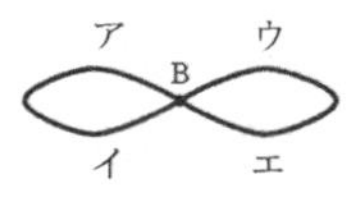

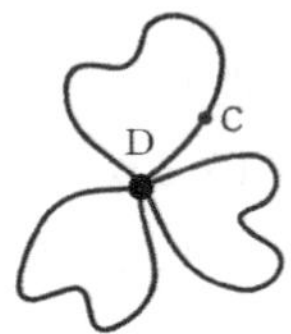

3 (1) 【図１】は，点Aから左上へ向かうルートと，左下へ向かう２つのルートがある。【図２】は，点Bから最初に右図のアのルートを選ぶとき，ア→イ→ウ→エ，ア→イ→エ→ウの２通りの書き方がある。最初にイ，ウ，エを選んだ場合もそれぞれ２通りあるから，全部で２×４＝８(通り)ある。【図３】は，右図のCから，上に進んで点Dに行く方法と下に進んで点Dに行く方法がある。そして，点Dから３つの花びらの形をしたルートのうち下の２つの花びらの形をしたルートを一筆書きで書く方法は【図２】と同じだから８通りとわかる。最後に点Dから最初に通らなかったルートで点Cにもどると，【図３】の一筆書きができる。よって，全部で２×８＝16(通り)

(2) 奇数点からスタートして，奇数点にもどってくるような道順を答えればよい。また，図４の上に三角形を作るような図形でも一筆書きができる。

6 (1) うさぎは４分後に昼寝を始めたので，スタートからうさぎが昼寝をしている地点まで，100×４＝400(m)である。かめは分速20mで歩いているので，かめが昼寝をしているうさぎのところに追いつくのは400÷20＝20(分後)である。

(2) うさぎは220mを２分間かけてもどったので，220÷２＝110より，うさぎの速さは分速110mである。

(3) たかしさんの考えでは，うさぎの昼寝以外の時間は変えないので，実際にうさぎとかめのゴール地点に着いた時間をそれぞれ求め，その差をうさぎの昼寝の時間からひけばよい。

《適性検査Ⅱ》

1 〈作文のポイント〉

・最初に自分の主張、立場を明確に決め、その内容に沿って書いていく。

・わかりやすい表現を心がける。自信のない表現や漢字は使わない。

さらにくわしい作文の書き方・作文例はこちら！→https://kyoei-syuppan.net/mobile/files/sakupo.html

2 読み取れること…日本の総人口は、二〇〇〇年ごろまでは増え続け、一時は一億二〇〇〇万人を突破したが、二〇一〇年ごろから減り始め、二〇五〇年には一億人を下回る予測である。一方、世界の総人口は、アフリカやアジア地域を中心に増え続け、二〇五〇年には一〇〇億人弱にまでせまる勢いである。また、年齢別に見ると、日本は十四歳以下の子どもが減り続ける少子化が加速しており、これが日本の総人口が減少する原因になっているが、ほかのおもな国では少子化が限定的であり、総人口にしめる高齢者の割合も日本ほどは高くない。

あなたの考え…人口減少により、経済の縮小が考えられる日本に留まるのではなく、積極的に世界に飛び出して仕事をしていく姿勢が求められている。

3 (1)時間を一つの点としてではなく、ある程度はばのあるものとして、また、季節に応じて長さが変化するものとしてとらえていた。　(2)明治政府は、近代的な産業を発展させつつ、強い軍隊をつくることを目指していたため、機械が取り入れられた近代的な工場では、仕事の能率を上げるため、人々は機械に合わせて時間どおりに働く必要があった。そこで、工場では人々が細かく時間を守るように厳しい規則が設けられたほか、学校でも子どもたちに遅刻をせずに時間を守ることの大切さを教えて、将来時間を守る人間になるような教育が行われたからである。

如水館中学校

1 (1) 与式＝286＋29＝**315**

(2) 与式＝649÷11＝**59**

(3) 与式＝228－140＝**88**

(4) 与式＝11－8.5＝**2.5**

(5) 与式$=\frac{6-1}{4}\div 1\frac{1}{4}=\frac{5}{4}\times\frac{4}{5}=$ **1**

(6) 与式＝2024×(0.4×25)×(0.2×50)＝2024×10×10＝**202400**

2 (1) **【解き方】1㎞＝1000m＝100000㎝である。**

50000㎝＝(50000÷100000)㎞＝**0.5㎞**である。

(2) **【解き方】最大公約数を求めるときは，右の筆算のように割り切れる数で次々に割っていき，割った数をすべてかけあわせればよい。**

```
 2) 68 102
17) 34  51
     2   3
```

よって，68と102の最大公約数は，2×17＝**34**である。

(3) 与式より，□×(14－3)＝88　□×11＝88　□＝88÷11　□＝**8**

(4) **【解き方】28の約数は，1，2，4，7，14，28である。**

よって，28の約数をすべてたすと，1＋2＋4＋7＋14＋28＝**56**である。

(5) **【解き方】1，2，3の整数をすべて並べてできる一番大きな偶数は312，一番小さな奇数は123である。**

よって，一番大きな偶数から一番小さな奇数を引いた数は，312－123＝**189**である。

(6) **【解き方】兄と弟の所持金の合計は，兄から弟にお金を渡す前と後で変わらないので，比の数の合計をそろえる。兄と弟のはじめの所持金の比は3：1＝6：2である。**

残った所持金の比は5：3なので，兄から弟に渡したお金は6－5＝1にあたる。比の1が600円分なので，兄のはじめの所持金は600×6＝**3600(円)**である。

(7) 硬貨の分け方は，ア(500円玉，100円玉，100円玉×2)，イ(500円玉＋100円玉，100円玉，100円玉)の2通りある。3人をA，B，Cとする。アの分け方で3人に分ける方法は，(500円玉，100円玉，100円玉×2)＝(A，B，C)(A，C，B)(B，A，C)(B，C，A)(C，A，B)(C，B，A)の6通り，イの分け方で3人に分ける方法は，(500円玉＋100円玉)をA，B，Cにする場合の3通りあるので，分け方は全部で6＋3＝**9(通り)**である。

3 (1) 向かい合う目の和が7になるようにすると，①は3，②は6，③は5の目が入ることがわかる。①と②の面の目の和は3＋6＝9なので，求める数は9－5＝**4**である。

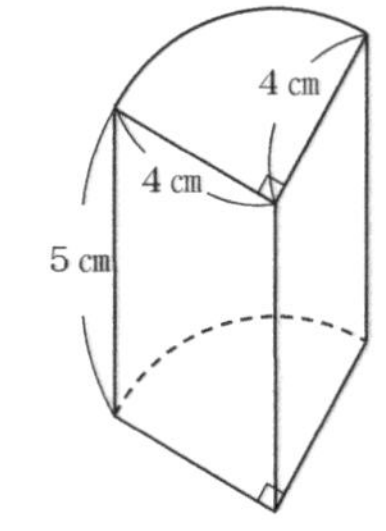

(2)① ㋐の長さは，図の円を4等分した曲線の部分の長さに等しい。よって，㋐の長さは，4×2×3.14÷4＝**6.28(㎝)**である。

② 図より，4等分する前の円柱は，底面の円の半径4㎝，高さ5㎝なので，この立体の体積は，4×4×3.14×5÷4＝**62.8(㎤)**である。

(3)　**【解き方】角ＡＥＢ＝150°－90°＝60°，ＡＥ＝ＢＥより，三角形ＡＢＥは正三角形であり，三角形ＡＢＣは二等辺三角形であることから㋑の角度を出して，㋐の角度を求める。**

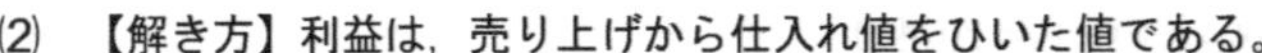

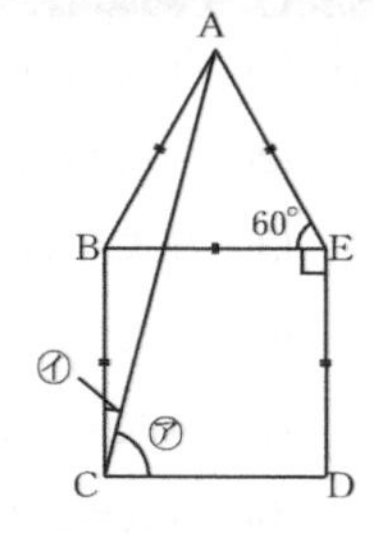

三角形ＡＢＣで，角Ｂの大きさは60°＋90°＝150°なので，㋑の角の大きさは(180°－150°)÷２＝15°である。よって，㋐の角度は90°－15°＝**75°**である。

4 (1)　１個600円の商品に，25％＝0.25の利益を見こんで定価をつけたので，求める定価は600×(１＋0.25)＝**750(円)**である。

(2)　**【解き方】利益は，売り上げから仕入れ値をひいた値である。**

仕入れにかかった金額は合計で，600×300＝180000(円)で，利益が36000円だったので，売り上げは合計で，180000＋36000＝216000(円)だったとわかる。そのうち，200個は750円の定価で売れたので，値引きして売った金額の合計は，216000－(750×200)＝66000(円)である。値引きした商品は300－200＝100(個)なので，１個あたりの値段は66000÷100＝**660(円)**である。

(3)　値引き後の１個あたりの値段は定価の660÷750＝0.88より，88％だから，100－88＝**12(％)引き**である。

5 **【解き方】$\frac{1}{2}$ | $\frac{1}{4}$，$\frac{3}{4}$ | $\frac{1}{6}$，$\frac{3}{6}$，$\frac{5}{6}$ | $\frac{1}{8}$，$\frac{3}{8}$，$\frac{5}{8}$，$\frac{7}{8}$ | $\frac{1}{10}$，$\frac{3}{10}$，…のように同じ分母でグループ分けをする。ｎ番目のグループを第ｎグループとよぶことにする。グループ内の分数の個数は，第ｎグループにｎ個あり，グループ内の分数は，分子が１，３，…，のように奇数が小さい順になるように並ぶ。第ｎグループにある数の分母はｎ×２である。**

(1)　23＝１＋２＋…＋６＋２より，23番目は第７グループの左から２つ目の分数である。分母は７×２＝14で分子は小さい方から２番目の奇数だから３となる。よって，求める分数は$\frac{3}{14}$である。

(2)　37＝１＋２＋…＋８＋１より，37番目は第９グループの最初の分数である。$\frac{1}{2}$に等しい分数は，グループ内にある分数の個数が奇数個あるグループの真ん中にある。したがって，$\frac{1}{2}$に等しい分数は，第１グループ，第３グループ，第５グループ，第７グループに１個ずつあるから，全部で**４個**ある。

(3)　各グループ内の分数の和は，１番目が$\frac{1}{2}$，２番目が$\frac{1}{4}+\frac{3}{4}=1$，３番目が$\frac{1}{6}+\frac{3}{6}+\frac{5}{6}=1\frac{1}{2}$，…のように$\frac{1}{2}$ずつ増えていくことがわかる。42＝１＋２＋…＋８＋６より，42番目は第９グループの左から６つ目の分数である。この第９グループの分母は９×２＝18，左から６つ目の分数の分子は６番目の奇数で11だから，１つ目から６つ目までの和は$\frac{1}{18}+\frac{3}{18}+\frac{5}{18}+\frac{7}{18}+\frac{9}{18}+\frac{11}{18}=\frac{36}{18}=2$である。よって，はじめから42番目までの和は，$\frac{1}{2}+1+1\frac{1}{2}+2+2\frac{1}{2}+3+3\frac{1}{2}+4+2=$**20**である。

6 (1)　③より，Ｅさんの年れいは，10才か15才であるが，④より，Ｅさんは最年長ではないので，Ｅさんの年れいは**10才**である。

(2)　②より，ＣさんとＤさんの年れいは，Ｄさんが６才ならばＣさんは12才，Ｄさんが７才ならばＣさんは14才のいずれかである。Ｃさんが12才，Ｄさんが６才のとき，④よりＡさんは14才，①よりＢさんは８才である。Ｃさんが14才，Ｄさんが７才のとき，④よりＡさんは13才，①よりＢさんは７才であるが，同じ年れいの人はいないので，不適切である。したがって，Ａさんは14才，Ｂさんは８才，Ｃさんは12才，Ｄさんは６才，Ｅさんは10才なので，年れいが低い順に，**Ｄ→Ｂ→Ｅ→Ｃ→Ａ**である。

如水館中学校

《国　語》

一　問一．ウ　問二．受験勉強をしないといけない／息抜きばかりしている　問三．エ　問四．実力
問五．将棋をしていたしょうこをかくそうとしたため。　問六．父子　問七．エ

二　問一．ウ　問二．①ウ　④ア　問三．理由　問四．ａ．人間と色覚がよく似　ｂ．赤い光の刺激を受容
問五．イ　問六．エ　問七．エ

三　①イ　②ア　③ウ　④エ　⑤オ

四　①うかんむり　②くにがまえ　③えんにょう〔別解〕いんにょう　④あなかんむり　⑤りっとう

五　①口　②深　③奇　④倒　⑤耳

《算　数》

1　(1)377　(2)1　(3)230　(4)$1\frac{1}{3}$　(5)$\frac{16}{27}$　(6)63000000

2　(1)10000 ㎜　(2)72　(3)15　(4)9　(5)①1.8 ㎞　②時速 6 ㎞

3　(1)116°　(2)60 ㎠　(3)10 ㎝　(4)6.75 ㎝

4　(1)$\frac{5}{84}$　(2)3500 円　(3)100 円

5　(1)$\frac{11}{16}$　(2)33 番目　(3)19 番目

6　(1)C→A→B→D　(2)㋐C　㋑1

《英　語》

【リスニング問題】

1～3　放送原稿非公表のため，解答例は掲載しておりません。

【筆記問題】

4　(1)B　(2)C　(3)D　(4)A　(5)D

5　(1)C　(2)B　(3)A　(4)B　(5)C

6　［２番目／４番目］(1)［４／３］　(2)［１／３］　(3)［３／２］　(4)［２／１］　(5)［４／２］

7　(1)1　(2)4　(3)2　(4)3

8　(1)2　(2)2　(3)1　(4)4　(5)3

《理　科》

1 (ア)100　(イ)ふっとう　(ウ)上がりません　(エ)水じょう気　(オ)０　(カ)０　(キ)大きく　(ク)気体　(ケ)液体　(コ)固体

2 (ア)地層　(イ)大きさ　(ウ)星座　(エ)はくちょう座　(オ)夏の大三角

3 問１．30　問２．15　問３．40　問４．ウ，オ，キ

4 問１．⑥→①→⑤　問２．⑴ちっ素　⑵200　⑶1000　⑷2.5

5 問１．(ア)卵〔別解〕卵子　(イ)精子　(ウ)受精　(エ)38　問２．⑴(オ)たいばん　(カ)へそのお　(キ)羊水　⑵(オ)③　(カ)①　(キ)②

《社　会》

1 ⑴㋑　⑵㋒　⑶㋒　⑷㋓　⑸㋐　⑹㋑

2 Ⅰ．⑴㋑　⑵㋐　Ⅱ．⑴㋓　⑵㋒　⑶㋐　Ⅲ．⑴㋑　⑵㋒

3 ⑴㋑　⑵㋓　⑶㋒　⑷㋒　⑸㋑　⑹㋓

4 ⑴㋓　⑵㋐　⑶㋐　⑷外務省　⑸㋐，㋕　⑹㋐→㋑→㋓→㋒

如水館中学校

《適性検査Ⅰ》

1 (1)答え…4　求め方…20段目のカードの枚数は20枚で，左から順に，1，2，……，7，1，2，……と並ぶので，20÷7＝2あまり6より，一番右のカードは6になる。よって，右から2番目のカードの数字は5なので，右から3番目のカードの数字は4である。　(2)34，29

2 (1)340　(2)図…右図　実験方法…校庭で2人にはなれて立ってもらい，音が聞こえたらすぐ手を挙げてもらうことにしておいて，たいこをたたけば，遠くの人ほど手を挙げるのがおそくなるので，音が伝わるのには時間がかかることを確認できる。

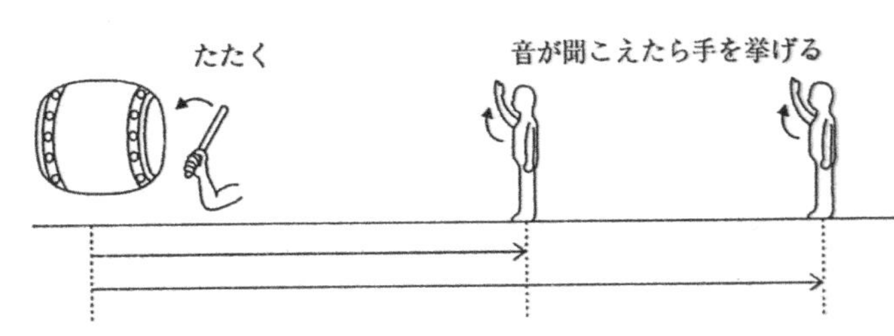

3 (1)Aチーム…6　Bチーム…4　Cチーム…5　(2)最も少ないとき…14　最も多いとき…18

4 (1)はじめに，タラコ1本の重さを量る。次に，そのタラコから10g分量り取り，その卵の数を数える。タラコ1本の重さ：10g＝タラコ1本の卵の数：10gのタラコの卵の数とおき，比を使ってタラコ1本の卵の数を計算する。
(2)マンボウやブリのように，卵を産んだ後何もしない魚の卵は，他の生物に食べられるなどして，成長の過程でその多くが死んでしまうため，より多くの卵を産む必要がある。一方，アイナメやトゲウオのように，親が卵を産んだ後も，卵や生まれた子どもを保護する魚は，外敵からの危険が少なくなるため，少ない卵の数でも絶滅しない。

5

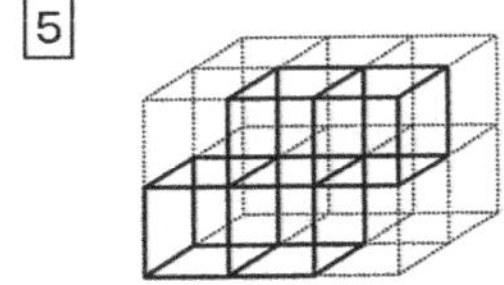 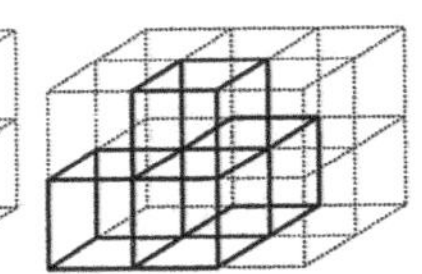 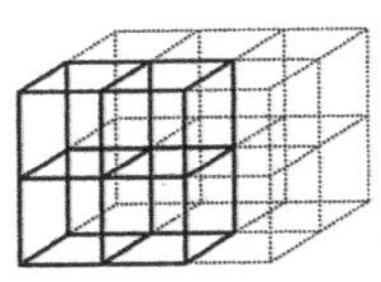 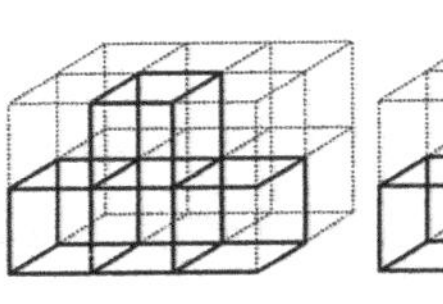 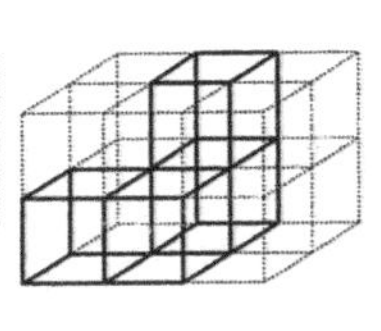

などから3つ

6 (1)石けん液のこさは，うすすぎてもこすぎても大きなしゃぼん玉はできず，適度なこさにすればよいとわかる。また，まわりの温度についても，低すぎても高すぎても大きなしゃぼん玉はできず，26度前後の適度な温度が好ましいとわかる。　(2)まわりの空気の湿度が上がれば上がるほど，大きなしゃぼん玉ができやすいと考えられる。その理由は，かわいた空気中でしゃぼん玉をつくると，しゃぼん玉のまくの中の水が蒸発しやすく，まくをつくっている石けん液がこくなってしまうと考えられるからである。

【算数分野の解説】

1 (1)　7の倍数の段の一番右のカードは⑦であり，21段目の一番右のカードは⑦だから，20段目の一番右のカードは⑦－1＝⑥と考えてもよい。

(2)　1から7段目には①は1枚だから1×7＝7(枚)，8から14段目には①は2枚だから2×7＝14(枚)，…となり，7段ごとに合計7枚増えていく。これをまとめると右表のようになる。よって，35段目までに①は

段数	1～7	8～14	15～21	22～28	29～35
①の枚数	1	2	3	4	5
合計枚数	7	14	21	28	35

7＋14＋21＋28＋35＝105(枚)あり，35段目には①は5枚あるから，105－5＝100より，100枚目の①は34段目の5枚目の①である。よって，7×4＋1＝29より，100枚目の①のカードは34段目の左から29番目にある。

3 (1) 会話よりDチームはCチームと引き分けたことになる。よって，AチームとBチームはDチームに勝ったので，表ｉのようになり，Aチームの勝ち点は６点で優勝したとわかる。

表ｉ

	A	B	C	D
A		○	×	○
B	×			○
C	○			△
D	×	×	△	

表ⅱ

	A	B	C	D
A		○	×	○
B	×		△	○
C	○	△		△
D	×	×	△	

BチームがCチームに勝つと，Bの勝ち点は０＋３＋３＝６（点）で，Aチームと等しいので適さない。
BチームがCチームに負けると，Cチームの勝ち点は３＋３＋１＝７（点）で，Cチームの優勝となるので適さない。
よって，BチームとCチームは引き分けたと考えると，表ⅱのようになり，Bチームの勝ち点は１＋３＝４（点），Cチームの勝ち点は３＋１＋１＝５（点）となり，条件に合う。

(2) ある２チームが引き分けたときの勝ち点の合計は１＋１＝２（点），どちらかが勝ったときの勝ち点の合計は３＋０＝３（点）だから，残りの全ての試合が引き分けのとき，勝ち点の合計が最も少なく，残りの全ての試合に引き分けがないとき，勝ち点の合計が最も大きい。表を見ると試合は全部で６試合行われ，そのうちすでに行われた２試合の勝ち点の合計は３×２＝６（点）だから，最も少ないとき６＋２×（６－２）＝14（点），最も多いとき６＋３×（６－２）＝18（点）である。

5 ３つの立方体の位置を固定し，１つの立方体だけを移動させると考えやすい。

《適性検査Ⅱ》

1 〈作文のポイント〉

・最初に自分の主張、立場を明確に決め、その内容に沿って書いていく。

・わかりやすい表現を心がける。自信のない表現や漢字は使わない。

さらにくわしい作文の書き方・作文例はこちら！→https://kyoei-syuppan.net/mobile/files/sakupo.html

2 一九七五年以降、世界の温室効果ガスはい出量は総じて増え続けており、二〇一九年は一九七五年と比べて二倍以上増えている。ただし、先進工業国が加盟するＯＥＣＤに限定すれば、あまり変わっていないことから、開発途上国が温室効果ガスはい出量を増やしていると判断できる。また、一九九〇年と二〇一九年の温室効果ガスはい出量を国別で見ると、アメリカ合衆国と日本は横ばいを保っているのに対して、中国は四倍以上増えており、特に中国はこの対策が求められていることがわかる。

3 (1)居留地貿易は、外国の商人が自由に移動できず、商品の産地に直接買い付けに行けない点で、出島での貿易と共通しているが、幕府公認以外の商人や藩でも、自由に外国の商人との売買に参加できる点で異なっている。

(2)外国からの輸入品は機械で大量につくられており、手作業でつくられる国産品よりも安かった。これに自由に関税をかけられず、国産品より安い外国製品が次々に流入し、国内の産業の発展をさまたげたからである。

1 (1) 与式＝289＋88＝**377**

(2) 与式＝55÷55＝**1**

(3) 与式＝500－270＝**230**

(4) 与式＝$\frac{15}{18}-\frac{1}{18}+\frac{10}{18}=\frac{24}{18}=\frac{4}{3}=$ **$1\frac{1}{3}$**

(5) 与式＝$(\frac{4}{5}-\frac{4}{9})\div\frac{6}{10}=(\frac{36}{45}-\frac{20}{45})\times\frac{5}{3}=\frac{16}{45}\times\frac{5}{3}=$ **$\frac{16}{27}$**

(6) 与式＝９×７×(５×20)×(５×４×５)×(25×４)＝63×100×100×100＝**63000000**

2 (1) **【解き方】m→cm→mmの順に直すと考えやすい。**

10m＝(10×100)cm＝(10×100×10)mm＝**10000 mm**である。

(2) ３つ以上の数の最小公倍数を求めるときは，右のような筆算を利用する。３つの数のうち２つ以上を割り切れる素数で次々に割っていき(割れない数はそのまま下におろす)，割った数と割られた結果残った数をすべてかけあわせれば，最小公倍数となる。よって，求める最小公倍数は，２×２×３×２×１×３＝**72**

```
2) 8  12  36
2) 4   6  18
3) 2   3   9
   2   1   3
```

(3) 与式より，(□＋２)×(□＋２)＝2023÷７　(□＋２)×(□＋２)＝289 となる。同じ数を２回かけると 289 になるので，17×17＝289 より，□＋２＝17 である。よって，□＝17－２＝**15**

(4) １けたの数どうしを足すので，２けたの数の十の位は１であり，整数Ａは**１**だとわかる。よって，１と整数Ｂの和が２けたの数になるので，整数Ｂは**９**である。

(5)① 家から折り返し地点までの道のりは，150×12＝1800(m)＝**1.8(km)**である。

② **【解き方】２人がすれ違(ちが)った地点は，兄が折り返し地点から 100×３＝300(m)＝0.3(km)走った地点である。**

弟は 12＋３＝15(分)＝$\frac{1}{4}$(時間)で 1.8－0.3＝1.5(km)走ったので，求める速さは 1.5÷$\frac{1}{4}$＝６より，**時速６km**である。

3 (1) **【解き方】三角形ＡＣＤを折り返して三角形ＡＣＥができるので，三角形ＡＣＤと三角形ＡＣＥは合同である。ＢＣとＡＥの交わる点をＦとする。**

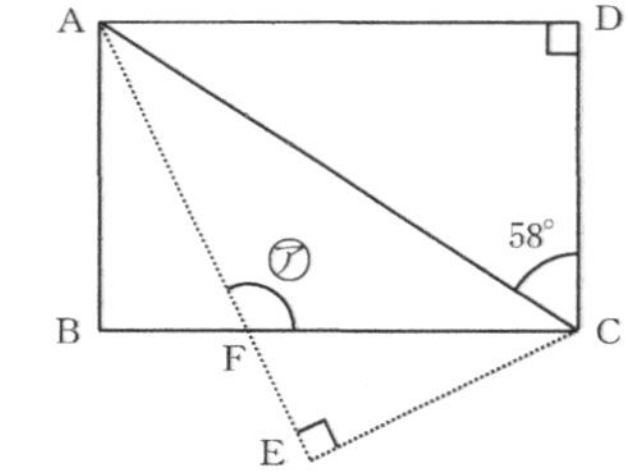

角ＡＣＥ＝角ＡＣＤ＝58°，角ＤＣＥ＝58°×２＝116°

角ＥＣＦ＝116°－90°＝26°

三角形の１つの外角は，これととなり合わない２つの内角の和に等しいから，

角㋐＝角ＥＣＦ＋角ＣＥＦ＝26°＋90°＝**116°**

(2) **【解き方】(台形ＡＢＣＤの高さ)＝(三角形ＡＥＤの面積)÷ＡＤ×２で求められる。**

三角形ＡＥＤの面積は，６×８÷２＝24(cm²)だから，台形ＡＢＣＤの高さは，24÷10×２＝4.8(cm)となる。

よって，台形ＡＢＣＤの面積は，(10＋15)×4.8÷２＝**60(cm²)**である。

(3) **【解き方】①と②の底辺をそれぞれＡＢ，５cmとしたときの高さは等しいことを利用する。**

①と②の高さは等しいから，それぞれの面積は底辺の長さに比例する。①の面積は②の面積の２倍だから，底辺の長さも２倍である。よって，ＡＢ＝５×２＝**10(cm)**

(4) **【解き方】水の深さは容器の底面積と反比例することを利用する。**

容器Ｂの底面積は容器Ａの底面積の(８×８×3.14)÷(６×６×3.14)＝$\frac{16}{9}$(倍)である。よって，容器Ａの水を容器Ｂに移したときの水の深さは$\frac{9}{16}$となるので，12×$\frac{9}{16}=\frac{27}{4}$＝**6.75(cm)**

4 (1) **【解き方】お金をわたす前後で合計金額は変わらないので，比の数の合計を５＋４＋３＝12 と，10＋９＋９＝28 の最小公倍数 84 にそろえて考える。**

84÷12＝7より，お金をわたす前の所持金の比の数をそれぞれ7倍すると，35：28：21となる。

84÷28＝3より，お金をわたした後の所持金の比の数をそれぞれ3倍すると，30：27：27となる。

ひろとさんがお金をわたす前後の差が500円にあたるのだから，ひろとさんがお金をわたす前の所持金を㉟と表すと，㉟－㉚＝⑤＝500(円)となる。3人の所持金の合計は㉞と表せるので，500円は3人の所持金の合計の$\frac{5}{84}$である。

(2) (1)をふまえる。ひろとさんの最初の所持金は，㉟＝500×$\frac{㉟}{⑤}$＝**3500(円)**

(3) (1)をふまえる。ゆうまさんのお金をわたす前後での所持金の差は，㉘－㉗＝①である。

よって，①＝500×$\frac{①}{⑤}$＝**100(円)**

5 **【解き方】分母が同じ分数でグループ分けをしてみる。**

$\frac{1}{2}$ | $\frac{1}{4}$，$\frac{3}{4}$ | $\frac{1}{8}$，$\frac{3}{8}$，$\frac{5}{8}$，$\frac{7}{8}$ | $\frac{1}{16}$，$\frac{3}{16}$，$\frac{5}{16}$，$\frac{7}{16}$，…，$\frac{15}{16}$ | $\frac{1}{32}$，$\frac{3}{32}$，$\frac{5}{32}$，…のように分ける。

分母は2，4，8，…となり，1つ前のグループの分母の2倍になる。分子は連続する奇数であり，1，3，5，…のように，グループ内で小さい順に，分母より1小さい数になるまで並ぶ。

(1) はじめから数えて11番目の数は$\frac{7}{16}$である。分子が分母より1小さい数になるまで2を足していくので，13番目の数は$\frac{7+2+2}{16}$＝$\frac{11}{16}$である。

(2) **【解き方】同じ分母の数の個数は，2が1個，4が2個，8が4個，…となっている。この個数は，分母を2で割った数と等しくなる。**

分母が16の数は16÷2＝8(個)，32の数は32÷2＝16(個)である。32×2＝64だから，分母が64の分数は分母が32の分数の次に現れ，$\frac{3}{64}$は分母が64になってから2個目の数である。よって，$\frac{3}{64}$が出てくるのは，はじめから数えて1＋2＋4＋8＋16＋2＝**33(番目)**

(3) **【解き方】分母が同じ数の和を考えていく。**

分母が2の分数の和は$\frac{1}{2}$，分母が4の分数の和は$\frac{1}{4}+\frac{3}{4}$＝1，分母が8の分数の和は$\frac{1}{8}+\frac{3}{8}+\frac{5}{8}+\frac{7}{8}$＝2，…となり，分母が2倍になったときその和も2倍となるので，分母が16の分数の和は2×2＝4である。よって，分母が16の分数までの数の和は，$\frac{1}{2}$＋1＋2＋4＝7$\frac{1}{2}$であり，分母が32の分数の和が8－7$\frac{1}{2}$＝$\frac{1}{2}$＝$\frac{16}{32}$となるまで足せばよい。したがって，$\frac{1}{32}+\frac{3}{32}+\frac{5}{32}+\frac{7}{32}=\frac{16}{32}$で，$\frac{7}{32}$は分母が32のグループ内の4番目だから，

1＋2＋4＋8＋4＝**19(番目)**である。

6 (1) **【解き方】①，②，③の条件を具体的に考える。**

①より，C→Aの順になる。②より，Bは2位か3位である。③より，Dは3位か4位である。

②，③よりBとDは1位ではないので，①より1位がC，2位がAと決まる。よって，②よりBは3位だから，Dは4位である。したがって，**C→A→B→D**である。

(2) ①より，D→E，C→Bの順になる。②より，□→A→Dの順になる。

①と②をまとめると，□→A→D→E，C→Bの順になるとわかる。よって，Aより左にBかCが入るが，C→BだからかならずCが一番左に並ぶ。したがって，**Cが1位**だとわかる。

如水館中学校

《国　語》

一　問一．自分だけが東駒に行けないっていうのが嫌なだけ　問二．エ　問三．a．見たことのない景色　b．生き方が変わる　問四．A．ウ　B．イ　問五．ウ　問六．難聴で音が聴こえない妹のために聴覚を共有できるロボットを作りたいということ。　問七．ア

二　問一．風雨に打ちのめされたり、ふまれたり、かられたりすること。　問二．ウ　問三．ウ　問四．エ　問五．a．植物ホルモン　b．わき芽の生育　問六．10　問七．ウ

三　①ア　②ウ　③イ　④エ　⑤ウ

四　①害　②昼　③暑　④欠　⑤続

五　①目　②鼻　③顔　④肩　⑤腹

《算　数》

1　(1)359　(2)2　(3)440　(4)25.55　(5)$\frac{1}{2}$　(6)2022000

2　(1)10000 cm　(2)120　(3)20　(4)9　(5)50 L　(6)20 分後

3　(1)70 cm²　(2)①14.28 cm　②11.44 cm²　(3)471 cm³

4　(1)24%　(2)600 g　(3)180 g

5　(1)7　(2)43 番目　(3)58 番目

6　(1)F　(2)D　(3)ⓐC〔別解〕E　ⓘ4　ⓤ5（ⓘとⓤは順不同）

《英　語》

1～3　リスニング問題省略

4　(1)A　(2)D　(3)C　(4)D　(5)B

5　(1)C　(2)A　(3)A　(4)D　(5)B

6　［2番目／4番目］(1)［1／2］　(2)［1／3］　(3)［3／2］　(4)［4／2］　(5)［1／4］

7　(1)3　(2)1　(3)1　(4)2

8　(1)3　(2)4　(3)3　(4)1　(5)2

《理　科》

1　A．エ　B．イ　C．オ　D．ア　E．ウ

2　問1．ウ　問2．オ　問3．ウ　問4．エ　問5．月食

3　問1．3　問2．エ

4　問1．イ　問2．ア　問3．ウ

5　ア．6　イ．8　ウ．1　エ．7　オ．2　カ．3　キ．4

6　問1．(1)頭／胸／腹　(2)足の本数…6　体の部分…胸　問2．②アブラゼミ　③クマゼミ　問3．イ，ウ，エ　問4．(1)5　(2)40

《社　会》

1　(1)㋑　(2)㋔　(3)㋓　(4)3　(5)㋓　(6)ⓒ

2　Ⅰ．(1)㋓　(2)㋐　Ⅱ．(1)㋒　(2)㋐　(3)㋑　Ⅲ．(1)㋒　(2)㋑

3　(1)ＥＵ〔別解〕ヨーロッパ連合　(2)㋒　(3)直接請求権　(4)二酸化炭素　(5)デフレ〔別解〕デフレーション　(6)㋐

4　(1)Ｃ→Ｂ→Ｄ→Ａ　(2)奈良県　(3)和歌山県　(4)㋒→㋑→㋓→㋐　(5)㋓　(6)㋓

【算数の解説】

1　(1)　与式＝326＋33＝359

(2)　与式＝34÷17＝２

(3)　与式＝602－162＝440

(4)　与式＝(36.1－1.7)×２－43.25＝34.4×２－43.25＝68.8－43.25＝25.55

(5)　与式＝$(\frac{8}{10}-\frac{5}{10})\div\frac{3}{5}=\frac{3}{10}\times\frac{5}{3}=\frac{1}{2}$

(6)　与式＝2022×(25×８×５)＝2022×1000＝2022000

2　(1)　１km＝1000m＝(1000×100)cm＝100000 cmだから，0.1km＝(0.1×100000)cm＝10000 cm

(2)　２つの数の最小公倍数を求めるときは，右の筆算のように割り切れる数で次々に割っていき，割った数と割られた結果残った数をすべてかけあわせればよい。よって，24 と 30 の最小公倍数は，２×３×４×５＝120

```
2 ) 24  30
3 ) 12  15
     4   5
```

(3)　与式より，□×５－２×□＝720÷12　□×(５－２)＝60　□×３＝60　□＝60÷３＝20

(4)　百の位の筆算に注目すると，くり上がりを足してＡがＢになっているから，ＢはＡより１大きい数だとわかる。ＢはＡより１大きく，Ｂ＋Ｂの一の位の数がＡになるようなＢとＡの値を考えると，９＋９＝18 より，Ａ＝８，Ｂ＝９が見つかる。計算して確かめると，899＋89＝988 となるので，正しい。

(5)　**【解き方】小さい水そうの水の量を①Ｌとすると，大きい水そうの水の量は②＋10(Ｌ)と表せる。**

①＋②＋10＝③＋10(Ｌ)が 160Ｌにあたるので，③Ｌは 160－10＝150(Ｌ)にあたる。

よって，小さい水そうの水の量は，150÷３＝50(Ｌ)

(6)　太郎くんの速さは時速６km＝分速$\frac{6\times1000}{60}$m＝分速 100mである。２人が出会うのは，２人が合わせて３km＝3000m進んだときだから，3000÷(100＋50)＝20(分後)

3　(1)　(６＋８)×10÷２＝70(cm²)

(2)①　**【解き方】三角形の内角の和は 180°なので，右図の太線で囲まれた２つの図形は，合わせると半径が４cm，中心角が 180°－90°＝90°のおうぎ形となる。**

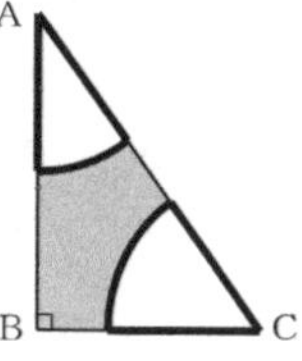

かげをつけた部分の周りの長さのうち，直線部分の長さの和は，

(８－４)＋(６－４)＋(10－４－４)＝８(cm)，曲線部分の長さの和は，

$4\times2\times3.14\times\frac{90°}{360°}=2\times3.14=6.28$(cm)　よって，求める長さは，８＋6.28＝14.28(cm)

②　求める面積は，$6\times8\div2-4\times4\times3.14\times\frac{90°}{360°}=24-12.56=11.44$(cm²)

(3)　**【解き方】円柱の展開図の長方形の横の長さは，底面の円周の長さに等しい。**

(円周)＝(直径)×3.14 なので，この円柱の底面の直径は 31.4÷3.14＝10(cm)，半径は 10÷２＝５(cm)

高さは６cmだから，体積は，５×５×3.14×６＝150×3.14＝471(cm³)

4 (1) **【解き方】最初に容器に入っていた水の量を100として考える。**

1回目に水を $100\times\frac{60}{100}=60$ 使ったので，その後の容器に入っている水の量は，$100-60=40$

2回目に水を $40\times\frac{60}{100}=24$ 使ったので，その後の容器に入っている水の量は，$40-24=16$

重さの割合は量の割合と同じだから，1回目に水を使った後の全体の重さは最初に入っていた水の重さの40%，2回目に水を使った後の全体の重さは最初に入っていた水の重さの16%である。よって，最初に入っていた水の重さの $40-16=24$(%)である。

(2) (1)で求めた24%が $420-276=144$(g)にあたるから，最初に入っていた水の重さは，$144\div\frac{24}{100}=600$(g)

(3) 1回目の水を使った後の残った水の量は $600\times\frac{40}{100}=240$(g)だから，容器の重さは，$420-240=180$(g)

5 **【解き方】1｜2，1｜3，2，1｜4，3，2，1｜5，…と区切り，左から1グループ目，2グループ目，…とする。各グループ内の数字の個数と一番左の数はグループの数に等しく，グループ内の数は左から順に1ずつ小さくなっている。**

(1) $1+2+3+4+5+6+7=28$ より，30番目の数は8グループ目の左から $30-28=2$(番目)の数だから，7である。

(2) 3は，3グループ目以降，各グループで1回ずつ出てくる。よって，3が7回目に出てくるのは，$3+7-1=9$(グループ目)の3が出てくるときであり，9グループ目は，9，8，7，6，5，4，3，2，1と並ぶので，はじめから数えて，$1+2+3+4+5+6+7+8+7=43$(番目)である。

(3) **【解き方】2グループずつの数の和に注目すると，1・2グループ目の数の和は，$1+2+1=4=2\times2$，3・4グループ目の数の和は，$3+2+1+4+3+2+1=16=4\times4$，5・6グループ目の数の和は，$5+4+3+2+1+6+5+4+3+2+1=36=6\times6$，…となっている。**

10グループ目までの数の和は，$4+16+36+8\times8+10\times10=220$ である。

11グループ目は11，10，9，…と並ぶので，$220+11+10+9=250$ より，和が250となるのは，はじめから $1+2+3+\cdots+10+3=\frac{(1+10)\times10}{2}+3=58$(番目)までたしたときである。

6 **【解き方】AはBより点数が高いことを「A＞B」のように表すと，①～⑥はそれぞれ，①「A＞B」，②「A＜F」，③「B＞C」，④「B＞E」，⑤「C＞D」，⑥「D＜E」と表せる。**

(1) ③，④，⑤より，BはC，D，Eより点数が高い。また，①，②より，F，A，Bの順で点数が高いので，1位はFである。

(2) ⑤，⑥より，C，D，Eのうち，点数が最も低いのはDだから，6位はDである。

(3) (1)，(2)より，1位はF，2位はA，3位はB，6位はDと決まる。CとEは，③～⑥からも，ともにBより点数が低くDより点数が高いことしかわからないので，お互い4位か5位かわからない。

如水館中学校

《適性検査Ⅰ》

1 ⑴A　理由…砂の上の空気のほうが先にあたたかくなって上に移動することで，水のほうから空気が流れこんでくるから。　⑵イ

2 ⑴①左　②２　⑵★の地点から最も遠くに移動するのは，右に進む数が最大で左に進む数が最小のときと，右に進む数が最小で左に進む数が最大のときである。よって，１回目に６，２回目に１が出る場合と，１回目に１，２回目に６が出る場合の２通りある。

⑶さいころを２回投げたあと，はじめの★の地点から何ます移動するかをまとめると，右の表のようになる(０は★の地点から移動していない)。よって，はじめの★の地点にいることが最も多い。

		2回目					
		1	2	3	4	5	6
1回目	1	0	左1	左2	左3	左4	左5
	2	右1	0	左1	左2	左3	左4
	3	右2	右1	0	左1	左2	左3
	4	右3	右2	右1	0	左1	左2
	5	右4	右3	右2	右1	0	左1
	6	右5	右4	右3	右2	右1	0

3 ⑴①暗期　②長く　⑵条件A…できない　条件B…できる

⑶午前／６／45

4 右図

5 ⑴鼻をさすようなにおいがある。／アンモニア水はアルカリ性を示す。／空気よりも軽い。　⑵石灰水に通したとき，白くにごれば，発生した気体が二酸化炭素だと判断できる。　⑶右図　⑷マヨネーズ

6 ⑴11　⑵2001　説明…全体の４分の１よりも多ければ当選確実になる。取り出した票の割合と全体の割合が等しいと考えると，8000÷４＋１＝2001(票)あれば，全体の４分の１よりも多く票が取れていると考えられ，当選確実だといえる。

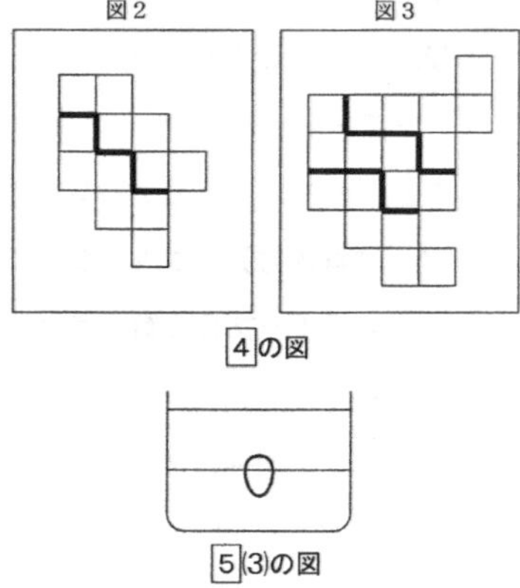

4の図

5⑶の図

【算数分野の解説】

2 ⑴　こまは，★の地点から右に３進み，その後左に５進むから，★の地点から①左に５－３＝②２(ます)移動することになる。

⑵　★の地点から何ます移動するかは，１回目と２回目に出た目の数の差で決まる。差が０のときは★の地点から移動せず，差が０でないときはその差の分だけ，１回目に出た数の方が多い場合は右，２回目に出た数の方が多い場合は左に移動する。

⑶　解答例のように，２個のさいころの目の出方は表を用いて表すとよい。

4 立方体の展開図は右図の①～⑪の11種類ですべてなので，覚えておくとよい。①～⑥のように，４つの面が１列に並び，その上下に１面ずつがくっついている形が基本的な形である。立方体の展開図では面を90°ずつ回転移動させることができるので，⑤の左端(ひだりはし)の面を上に回転移動させると⑦になる。⑦の一番下の面を右に回転移動させていくと，⑧と⑨ができる。⑩と⑪は覚えやすい形なので，そのまま覚えるとよい。

図２は⑩を２つ，図３は②と⑨と⑩を１つずつくっつけている。

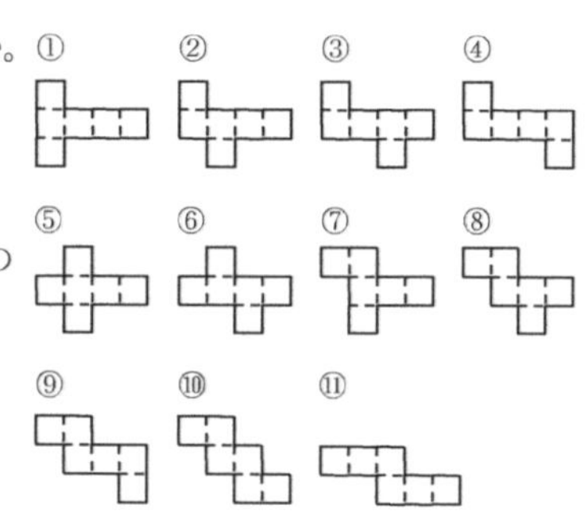

6 (1)　全体の３分の１である30÷３＝10(票)より多い11票あれば，残りの19票をどのように２人に分けても片方は11票より少ない票数になるから，当選は確実である。

(2)　４人のうち落選するのは１人だけなので，その落選する１人にならなければ，当選する。全体の$\frac{1}{4}$より多い票を取れていれば，残りの$\frac{3}{4}$より少ない票をどのように３人で分けても，必ず１人は全体の$\frac{1}{4}$より少ない票となり，その人が落選する。

《適性検査Ⅱ》

1 〈作文のポイント〉

・最初に自分の主張、立場を明確に決め、その内容に沿って書いていく。

・わかりやすい表現を心がける。自信のない表現や漢字は使わない。

さらにくわしい作文の書き方・作文例はこちら！→

https://kyoei-syuppan.net/mobile/files/sakupo.html

2 姉川の合戦では，両軍とも鉄砲を使用しておらず，さくはなく、両軍が入り乱れて戦っている。しかし、その五年後の長篠の戦いでは、左陣営の織田信長・徳川家康連合軍が鉄砲を使用し、連合軍はさくを設けて、当時最強といわれた武田軍の騎馬隊と戦い、その結果、連合軍が勝利している。よって、これらに大きなちがいがある。

3 日本の貿易総額は、一九六〇年では輸出入ともにそれぞれ一兆五千億円前後にすぎなかったが、二〇二〇年では輸出入ともにそれぞれ六十八兆円前後になっており、六十年間で四十倍以上増えていることがわかる。また、主要輸出品を比べると、一九六〇年ではせんい品が全体の四分の一以上をしめていたが、二〇二〇年では機械類と自動車、自動車部品で半分をこえている。一方、主要輸入品では、一九六〇年ではせんい原料が全体の二割弱で、次に石油が続いていたが、二〇二〇年では機械類が全体の三割弱で、次に石油、液化ガスといった化石燃料が続いている。これらのことから、日本の貿易品目の中心が軽工業から重工業に変化していることがわかる。

■ ご使用にあたってのお願い・ご注意

（1）問題文等の非掲載

著作権上の都合により，問題文や図表などの一部を掲載できない場合があります。

誠に申し訳ございませんが，ご了承くださいますようお願いいたします。

（2）過去問における時事性

過去問題集は，学習指導要領の改訂や社会状況の変化，新たな発見などにより，現在とは異なる表記や解説になっている場合があります。過去問の特性上，出題当時のままで出版していますので，あらかじめご了承ください。

（3）配点

学校等から配点が公表されている場合は，記載しています。公表されていない場合は，記載していません。

独自の予想配点は，出題者の意図と異なる場合があり，お客様が学習するうえで誤った判断をしてしまう恐れがあるため記載していません。

（4）無断複製等の禁止

購入された個人のお客様が，ご家庭でご自身またはご家族の学習のためにコピーをすることは可能ですが，それ以外の目的でコピー，スキャン，転載（ブログ，ＳＮＳなどでの公開を含みます）などをすることは法律により禁止されています。学校や学習塾などで，児童生徒のためにコピーをして使用することも法律により禁止されています。

ご不明な点や，違法な疑いのある行為を確認された場合は，弊社までご連絡ください。

（5）けがに注意

この問題集は針を外して使用します。針を外すときは，けがをしないように注意してください。また，表紙カバーや問題用紙の端で手指を傷つけないように十分注意してください。

（6）正誤

制作には万全を期しておりますが，万が一誤りなどがございましたら，弊社までご連絡ください。

なお，誤りが判明した場合は，弊社ウェブサイトの「ご購入者様のページ」に掲載しておりますので，そちらもご確認ください。

■ お問い合わせ

解答例，解説，印刷，製本など，問題集発行におけるすべての責任は弊社にあります。

ご不明な点がございましたら，弊社ウェブサイトの「お問い合わせ」フォームよりご連絡ください。迅速に対応いたしますが，営業日の都合で回答に数日を要する場合があります。

ご入力いただいたメールアドレス宛に自動返信メールをお送りしています。自動返信メールが届かない場合は，「よくある質問」の「メールの問い合わせに対し返信がありません。」の項目をご確認ください。

また弊社営業日（平日）は，午前９時から午後５時まで，電話でのお問い合わせも受け付けています。

2025 春

教英出版

株式会社教英出版

〒422-8054　静岡県静岡市駿河区南安倍３丁目 12-28

TEL　054-288-2131　　FAX　054-288-2133

URL　https://kyoei-syuppan.net/

MAIL　siteform@kyoei-syuppan.net

神奈川県

①［県立］相模原中等教育学校
　　　　平塚中等教育学校
②［市立］南高等学校附属中学校
③［市立］横浜サイエンスフロンティア高等学校附属中学校
④［市立］川崎高等学校附属中学校
✿⑤聖光学院中学校
✿⑥浅野中学校
⑦洗足学園中学校
⑧法政大学第二中学校
⑨逗子開成中学校（1次）
⑩逗子開成中学校（2·3次）
⑪神奈川大学附属中学校（第1回）
⑫神奈川大学附属中学校（第2·3回）
⑬栄光学園中学校
⑭フェリス女学院中学校

新潟県

①［県立］村上中等教育学校
　　　　柏崎翔洋中等教育学校
　　　　燕中等教育学校
　　　　津南中等教育学校
　　　　直江津中等教育学校
　　　　佐渡中等教育学校
②［市立］高志中等教育学校
③新潟第一中学校
④新潟明訓中学校

石川県

①［県立］金沢錦丘中学校
②星稜中学校

福井県

①［県立］高志中学校

山梨県

①山梨英和中学校
②山梨学院中学校
③駿台甲府中学校

長野県

①［県立］屋代高等学校附属中学校
　　　　諏訪清陵高等学校附属中学校
②［市立］長野中学校

岐阜県

①岐阜東中学校
②鶯谷中学校
③岐阜聖徳学園大学附属中学校

静岡県

①［国立］静岡大学教育学部附属中学校（静岡·島田·浜松）
②［県立］清水南高等学校中等部
　［県立］浜松西高等学校中等部
　［市立］沼津高等学校中等部
③不二聖心女子学院中学校
④日本大学三島中学校
⑤加藤学園暁秀中学校
⑥星陵中学校
⑦東海大学付属静岡翔洋高等学校中等部
⑧静岡サレジオ中学校
⑨静岡英和女学院中学校
⑩静岡雙葉中学校
⑪静岡聖光学院中学校
⑫静岡学園中学校
⑬静岡大成中学校
⑭城南静岡中学校
⑮静岡北中学校
⑯常葉大学附属常葉中学校
　常葉大学附属橘中学校
　常葉大学附属菊川中学校
⑰藤枝明誠中学校
⑱浜松開誠館中学校
⑲静岡県西遠女子学園中学校
⑳浜松日体中学校
㉑浜松学芸中学校

愛知県

①［国立］愛知教育大学附属名古屋中学校
②愛知淑徳中学校
③名古屋経済大学市邨中学校
　名古屋経済大学高蔵中学校
④金城学院中学校
⑤椙山女学園中学校
⑥東海中学校
⑦南山中学校男子部
⑧南山中学校女子部
⑨聖霊中学校
⑩滝中学校
⑪名古屋中学校
⑫大成中学校
⑬愛知中学校
⑭星城中学校
⑮名古屋葵大学中学校
　（名古屋女子大学中学校）
⑯愛知工業大学名電中学校
⑰海陽中等教育学校（特別給費生）
⑱海陽中等教育学校（I·II）
⑲中部大学春日丘中学校
新刊⑳名古屋国際中学校

三重県

①［国立］三重大学教育学部附属中学校
②暁中学校
③海星中学校
④四日市メリノール学院中学校
⑤高田中学校
⑥セントヨゼフ女子学園中学校
⑦三重中学校
⑧皇學館中学校
⑨鈴鹿中等教育学校
⑩津田学園中学校

滋賀県

①［国立］滋賀大学教育学部附属中学校
②［県立］河瀬中学校
　　　　守山中学校
　　　　水口東中学校

京都府

①［国立］京都教育大学附属桃山中学校
②［府立］洛北高等学校附属中学校
③［府立］園部高等学校附属中学校
④［府立］福知山高等学校附属中学校
⑤［府立］南陽高等学校附属中学校
⑥［市立］西京高等学校附属中学校
⑦同志社中学校
⑧洛星中学校
⑨洛南高等学校附属中学校
⑩立命館中学校
⑪同志社国際中学校
⑫同志社女子中学校（前期日程）
⑬同志社女子中学校（後期日程）

大阪府

①［国立］大阪教育大学附属天王寺中学校
②［国立］大阪教育大学附属平野中学校
③［国立］大阪教育大学附属池田中学校

④[府立]富田林中学校
⑤[府立]咲くやこの花中学校
⑥[府立]水都国際中学校
⑦清風中学校
⑧高槻中学校(A日程)
⑨高槻中学校(B日程)
⑩明星中学校
⑪大阪女学院中学校
⑫大谷中学校
⑬四天王寺中学校
⑭帝塚山学院中学校
⑮大阪国際中学校
⑯大阪桐蔭中学校
⑰開明中学校
⑱関西大学第一中学校
⑲近畿大学附属中学校
⑳金蘭千里中学校
㉑金光八尾中学校
㉒清風南海中学校
㉓帝塚山学院泉ヶ丘中学校
㉔同志社香里中学校
㉕初芝立命館中学校
㉖関西大学中等部
㉗大阪星光学院中学校

兵庫県

①[国立]神戸大学附属中等教育学校
②[県立]兵庫県立大学附属中学校
③雲雀丘学園中学校
④関西学院中学部
⑤神戸女学院中学部
⑥甲陽学院中学校
⑦甲南中学校
⑧甲南女子中学校
⑨灘中学校
⑩親和中学校
⑪神戸海星女子学院中学校
⑫滝川中学校
⑬啓明学院中学校
⑭三田学園中学校
⑮淳心学院中学校
⑯仁川学院中学校
⑰六甲学院中学校
⑱須磨学園中学校(第1回入試)
⑲須磨学園中学校(第2回入試)
⑳須磨学園中学校(第3回入試)
㉑白陵中学校
㉒夙川中学校

奈良県

①[国立]奈良女子大学附属中等教育学校
②[国立]奈良教育大学附属中学校
③[県立] 国際中学校 / 青翔中学校
④[市立]一条高等学校附属中学校
⑤帝塚山中学校
⑥東大寺学園中学校
⑦奈良学園中学校
⑧西大和学園中学校

和歌山県

①[県立] 古佐田丘中学校 / 向陽中学校 / 桐蔭中学校 / 日高高等学校附属中学校 / 田辺中学校
②智辯学園和歌山中学校
③近畿大学附属和歌山中学校
④開智中学校

岡山県

①[県立]岡山操山中学校
②[県立]倉敷天城中学校
③[県立]岡山大安寺中等教育学校
④[県立]津山中学校
⑤岡山中学校
⑥清心中学校
⑦岡山白陵中学校
⑧金光学園中学校
⑨就実中学校
⑩岡山理科大学附属中学校
⑪山陽学園中学校

広島県

①[国立]広島大学附属中学校
②[国立]広島大学附属福山中学校
③[県立]広島中学校
④[県立]三次中学校
⑤[県立]広島叡智学園中学校
⑥[市立]広島中等教育学校
⑦[市立]福山中学校
⑧広島学院中学校
⑨広島女学院中学校
⑩修道中学校
⑪崇徳中学校
⑫比治山女子中学校
⑬福山暁の星女子中学校
⑭安田女子中学校
⑮広島なぎさ中学校
⑯広島城北中学校
⑰近畿大学附属広島中学校福山校
⑱盈進中学校
⑲如水館中学校
⑳ノートルダム清心中学校
㉑銀河学院中学校
㉒近畿大学附属広島中学校東広島校
㉓AICJ中学校
㉔広島国際学院中学校
㉕広島修道大学ひろしま協創中学校

山口県

①[県立] 下関中等教育学校 / 高森みどり中学校
②野田学園中学校

徳島県

①[県立] 富岡東中学校 / 川島中学校 / 城ノ内中等教育学校
②徳島文理中学校

香川県

①大手前丸亀中学校
②香川誠陵中学校

愛媛県

①[県立] 今治東中等教育学校 / 松山西中等教育学校
②愛光中学校
③済美平成中等教育学校
④新田青雲中等教育学校

高知県

①[県立] 安芸中学校 / 高知国際中学校 / 中村中学校

福岡県

①［国立］福岡教育大学附属中学校（福岡・小倉・久留米）
②［県立］育徳館中学校
　門司学園中学校
　宗像中学校
　嘉穂高等学校附属中学校
　輝翔館中等教育学校
③西南学院中学校
④上智福岡中学校
⑤福岡女学院中学校
⑥福岡雙葉中学校
⑦照曜館中学校
⑧筑紫女学園中学校
⑨敬愛中学校
⑩久留米大学附設中学校
⑪飯塚日新館中学校
⑫明治学園中学校
⑬小倉日新館中学校
⑭久留米信愛中学校
⑮中村学園女子中学校
⑯福岡大学附属大濠中学校
⑰筑陽学園中学校
⑱九州国際大学付属中学校
⑲博多女子中学校
⑳東福岡自彊館中学校
㉑八女学院中学校

佐賀県

①［県立］香楠中学校
　致遠館中学校
　唐津東中学校
　武雄青陵中学校
②弘学館中学校
③東明館中学校
④佐賀清和中学校
⑤成穎中学校
⑥早稲田佐賀中学校

長崎県

①［県立］長崎東中学校
　佐世保北中学校
　諫早高等学校附属中学校
②青雲中学校
③長崎南山中学校
④長崎日本大学中学校
⑤海星中学校

熊本県

①［県立］玉名高等学校附属中学校
　宇土中学校
　八代中学校
②真和中学校
③九州学院中学校
④ルーテル学院中学校
⑤熊本信愛女学院中学校
⑥熊本マリスト学園中学校
⑦熊本学園大学付属中学校

大分県

①［県立］大分豊府中学校
②岩田中学校

宮崎県

①［県立］五ヶ瀬中等教育学校
②［県立］宮崎西高等学校附属中学校
　都城泉ヶ丘高等学校附属中学校
③宮崎日本大学中学校
④日向学院中学校
⑤宮崎第一中学校

鹿児島県

①［県立］楠隼中学校
②［市立］鹿児島玉龍中学校
③鹿児島修学館中学校
④ラ・サール中学校
⑤志學館中等部

沖縄県

①［県立］与勝緑が丘中学校
　開邦中学校
　球陽中学校
　名護高等学校附属桜中学校

もっと過去問シリーズ

北海道

北嶺中学校
7年分（算数・理科・社会）

静岡県

静岡大学教育学部附属中学校
（静岡・島田・浜松）
10年分（算数）

愛知県

愛知淑徳中学校
7年分（算数・理科・社会）
東海中学校
7年分（算数・理科・社会）
南山中学校男子部
7年分（算数・理科・社会）
南山中学校女子部
7年分（算数・理科・社会）
滝中学校
7年分（算数・理科・社会）
名古屋中学校
7年分（算数・理科・社会）

岡山県

岡山白陵中学校
7年分（算数・理科）

広島県

広島大学附属中学校
7年分（算数・理科・社会）
広島大学附属福山中学校
7年分（算数・理科・社会）
広島学院中学校
7年分（算数・理科・社会）
広島女学院中学校
7年分（算数・理科・社会）
修道中学校
7年分（算数・理科・社会）
ノートルダム清心中学校
7年分（算数・理科・社会）

愛媛県

愛光中学校
7年分（算数・理科・社会）

福岡県

福岡教育大学附属中学校
（福岡・小倉・久留米）
7年分（算数・理科・社会）
西南学院中学校
7年分（算数・理科・社会）
久留米大学附設中学校
7年分（算数・理科・社会）
福岡大学附属大濠中学校
7年分（算数・理科・社会）

佐賀県

早稲田佐賀中学校
7年分（算数・理科・社会）

長崎県

青雲中学校
7年分（算数・理科・社会）

鹿児島県

ラ・サール中学校
7年分（算数・理科・社会）

※もっと過去問シリーズは
国語の収録はありません。

教英出版
〒422-8054
静岡県静岡市駿河区南安倍3丁目12−28
TEL 054-288-2131
FAX 054-288-2133
詳しくは教英出版で検索
教英出版　検索
URL https://kyoei-syuppan.net/

如水館中学校

令和６年度入学試験

国　　語

（50分）

注　　意

1　試験開始のチャイムが鳴るまで開いてはいけません。
2　問題用紙は表紙も含めて８ページあり、問題は一から五まであります。これとは別に解答用紙が１枚あります。
3　解答用紙には受験番号を書きなさい。
4　答えはすべて解答用紙に記入しなさい。
5　字数制限のあるものについては、原則として「、」や「。」も一字に数えます(指示のあるものは除きます)。

一 次の文章を読んで、後の問いに答えなさい。

お詫び
著作権上の都合により、文章は掲載しておりません。
ご不便をおかけし、誠に申し訳ございません。
教英出版

（『夏の庭』湯本香樹実）

問一　空らん[A]～[D]に当てはまる語として最も適切な組み合わせを次の中から選び、記号で答えなさい。

ア　A　だんだん　B　はあはあ　C　ちかちか　D　ぐるぐる
イ　A　はあはあ　B　だんだん　C　ぐるぐる　D　ちかちか
ウ　A　ちかちか　B　ぐるぐる　C　はあはあ　D　だんだん
エ　A　ぐるぐる　B　だんだん　C　ちかちか　D　はあはあ

問二　ぼう線部①「ぼくはベッドの中で呼吸を数える」とありますが、なぜ「呼吸を数え」始めたのですか。そのきっかけとなったできごとを本文中から一文でぬき出し、はじめと終わりの五字をそれぞれ書きなさい（句読点も一字に含みます）。

問三　ぼう線部②「そのセキ、やめなさい」とおかあさんが言ったのはなぜですか。三十五字以内で説明しなさい。

問四　ぼう線部③「途方に暮れたように」を言いかえた言葉として、最も適切なものを次の中から選び、記号で答えなさい。

ア　困ったように　イ　あきれたように　ウ　あせったように　エ　怒ったように

問五　ぼう線部④「同じ不安」とはどのような不安ですか。二十五字以上、三十五字以内で説明しなさい。

問六　ぼう線部⑤「ぼくはもうお母さんを呼んだりしないけれど」とありますが、それはなぜですか。次の空らんに当てはまる語を、指定した文字数で本文中からそれぞれぬき出して書きなさい。

呼吸を数え始めたときはまだ（　a　三字　）で幼かったが、今は成長して（　b　三字　）になったから。

問七　ぼう線部⑥「生きているのは、息をしているってことだけじゃない」とはどのようなことだと考えられますか。最も適切なものを次の中から選び、記号で答えなさい。

ア　生きているということは、息をしていることだけではなく、それを数えることも大切だということ。

イ　生きているということは、息の仕方を幼い間に身につけて、安心して生活することだということ。

ウ　生きているということは、息をすることだけでなく、他にも大切なことがあるのだということ。

エ　生きているということは、何億回も息をすることであり、それを数えることは意味がないということ。

6　Aさん，Bさん，Cさん，Dさん，Eさんの５人の年れいは6才以上１５才以下であり、次の①～④のことがわかっています。ただし、この５人の中に同じ年れいの人はいません。

① Aさんは Bさんより６才年上です。
② Cさんの年れいはDさんの年れいの２倍です。
③ Eさんの年れいは５の倍数です。
④ AさんとDさんの年れいの和は、Eさんの年れいの２倍です。

このとき、次の問いに答えなさい。

（1） Eさんの年れいを答えなさい。

（2） AさんからEさんの５人の年れいを低い順に並べ、アルファベットで答えなさい。

問題は以上です

5 次の数の列は、ある規則にしたがってならんでいます。

$$\frac{1}{2}, \frac{1}{4}, \frac{3}{4}, \frac{1}{6}, \frac{3}{6}, \frac{5}{6}, \frac{1}{8}, \frac{3}{8}, \frac{5}{8}, \frac{7}{8}, \frac{1}{10}, \frac{3}{10}, \cdots\cdots$$

この数の列について、次の問いに答えなさい。

（1） はじめから数えて２３番目の数を答えなさい。

（2） はじめから３７番目までの数で、$\frac{1}{2}$ に等しい数は何個ありますか。

（3） この数の列を、はじめから順にたしていきます。４２番目までたしたとき、いくつになりますか。

4　Ａ商店では、ある商品を１個あたり６００円で３００個仕入れました。２５%の利益を見こんで定価をつけたところ、２００個が売れました。その後、残った商品を値引きしたところ全部売れ、値引き前と値引き後の利益の合計が３６０００円でした。このとき、次の問いに答えなさい。ただし、利益は売り値から仕入れ値を除いた金額とし、消費税は考えないこととします。

（1）　１個あたりの定価は何円でしたか。

（2）　値引き後の１個あたりの値段は何円でしたか。

（3）　値引き後の１個あたりの値段は、１個あたりの定価の何%引きでしたか。

2024(R6) 如水館中
K 教英出版

(1) Why did Teressa send a message to her uncle?

1. To get his advice about looking for her pet.
2. To go to her school with him.
3. To make posters of her pet with him.
4. To show her cute pet to him.

(2) When did Teressa's pet run out of his house?

1. December 26.
2. December 27.
3. December 28.
4. December 29.

(3) Where is Cocoa's favorite place?

1. Jim's house.
2. The supermarket.
3. The park.
4. The school.

(4) How did Teressa and her mother look for Cocoa?

1. By cooking Cocoa's favorite food.
2. By making posters of Cocoa.
3. By visiting many places.
4. By going to the park and calling his name many times.

(5) What did Jim do for Teressa?

1. He told his phone number to her.
2. He put a picture of her pet on his website.
3. He went to the park.
4. He asked his friends about her pet.

8 次のメールの内容について、(1)〜(5)の問いに対する答えとして最も適切なものを 1, 2, 3, 4 の中から一つ選び、番号で答えなさい。

From: Teressa Water
To: Jim Water
Date: December 28, 2023 8:05
Subject: My puppy

Dear Uncle Jim,

I need your help. My puppy, Cocoa is gone. When I went into the house yesterday, he ran outside. It was so sudden that I couldn't catch him. My mother and I ran after him, but he soon disappeared. We walked to the park to look for him and called his name many times. The park is his favorite place. I usually walk him there. We looked for him for an hour. Last night I bought his favorite food at a supermarket and put it outside the door of my house. There was still food this morning. I think he may be lost and can't find the way to come home. What should I do?

Love,

Teressa

From: Jim Water
To: Teressa Water
Date: December 28, 2023 9:36
Subject: Re: My puppy

Dear Teressa,

I'm sorry to hear that. It's quite cold outside and he may feel lonely. I wanted to do something for you. So, I put a picture of Cocoa on my website today. I hope someone finds him and tells me soon. Why don't you make posters of him with your phone number on them? You can put them at his favorite places. He's such a cute dog. People will find him soon.

Good luck,

Uncle Jim

(1) What is this website about?

1. A Shopping tour.
2. English conversation classes.
3. An Opening ceremony.
4. Sightseeing.

(2) How much do you have to pay to take lessons?

1. Nothing.
2. 1,000 yen.
3. 1,500 yen.
4. 2,000 yen.

(3) When is the "Situation ②" class?

1. February 21st.
2. February 28th.
3. March 4th.
4. March 6th.

(4) What should you bring with you to the lesson?

1. A watch.
2. A lunch box.
3. Indoor shoes.
4. A tablet PC.

2024(R6) 如水館中
K 教英出版

5 図１のように、ふりこのおもちゃをつくり、このふりこのふれはば、重さ、長さをそれぞれ変えて実験をしました。図１の点線の囲み部分に着目すると、図２のようになりました。下の各問いに答えなさい。

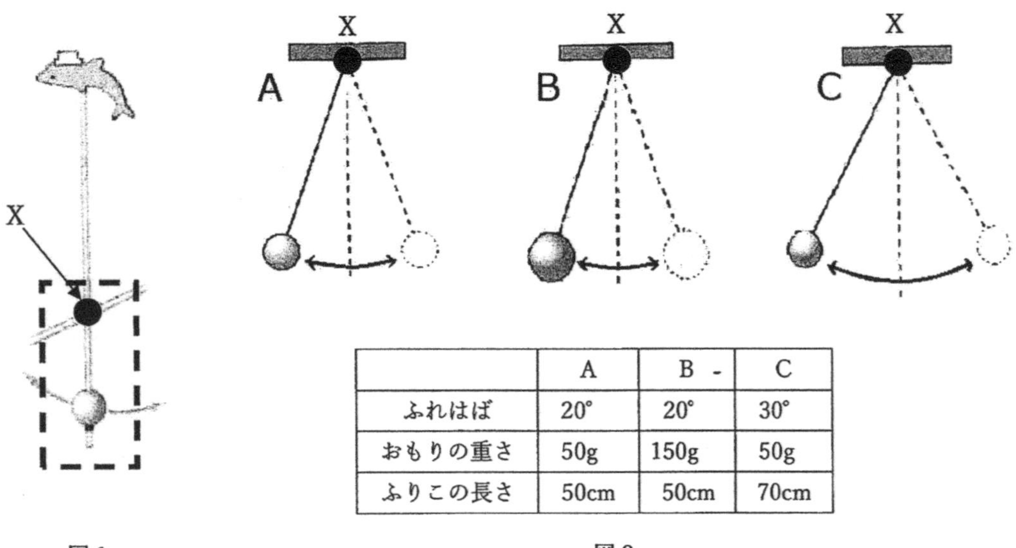

	A	B	C
ふれはば	20°	20°	30°
おもりの重さ	50g	150g	50g
ふりこの長さ	50cm	50cm	70cm

図１　　　　図２

問１　図１のXの部分を何と呼ぶか。漢字２文字で答えなさい。

問２　ふりこが１往復する時間を測るのは難しいので、Aのふりこが10往復する時間を測ると、以下の表のようになりました。この表から、Aのふりこが１往復する時間を計算しなさい。

	１回目	２回目	３回目
Aのふりこ 10往復の時間[秒]	14.0	16.4	17.6

問３　図２で、AおよびBのふりこが１往復する時間のちがいを次のア～ウから答えなさい。
ア　Aのふりこが早くふれる。　イ　Bのふりこが早くふれる。　ウ　ふれる早さは変わらない。

問４　図２で、AおよびCのふりこが１往復する時間のちがいを次のア～ウから答えなさい。
ア　Aのふりこが早くふれる。　イ　Cのふりこが早くふれる。　ウ　ふれる早さは変わらない。

問５　Aのふりこを早く動かすためには、どうすればよいですか。次のア～カの中から正しいものを<u>すべて選びなさい。</u>
ア　おもりを重くする。　イ　おもりを軽くする。　ウ　おもりの位置を上にずらす。
エ　おもりの位置を下にずらす。　オ　ふれはばを大きくする。　カ　ふれはばを小さくする。

4 いろいろな温度の水に食塩とミョウバンがどれくらいとけるか実験をしました。下の各問いに答えなさい。

問1 メスシリンダーを使って50 mLの水をはかりとるとき、正しくはかりとれているものはどれですか。ア～ウから1つ選びなさい。

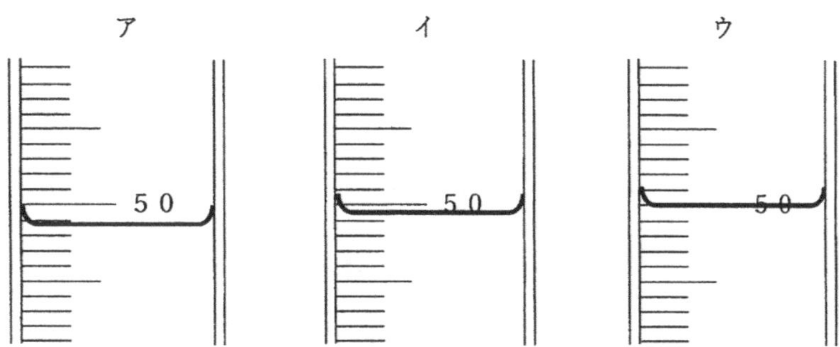

問2 食塩の水よう液について、正しくないものをすべて選びなさい。

ア 決まった量の水にとける食塩の量には限りがある。

イ 食塩を水にとかしたとき、食塩は見えなくなるので、重さもなくなる。

ウ 水の量を2倍にすると、とかすことのできる食塩の量も2倍になる。

エ 食塩の水よう液を冷やしても、とけている食塩はほとんどとり出すことができない。

問3 ミョウバンをある温度の水50 mLに計量スプーンですり切り10ぱい入れたところ、一部とけずに残りました。このとけずに残ったミョウバンをろうとを使ってとり出す方法を答えなさい。

問4 次のぼうグラフは、いろいろな温度の水50 mLに、食塩とミョウバンがそれぞれ、すり切り何ばいとけるかを表したものです。このグラフから、食塩とミョウバンを水にとかしたときのとけ方のちがいを『食塩は水の温度が』、『ミョウバンは水の温度が』に続けてそれぞれ書きなさい。

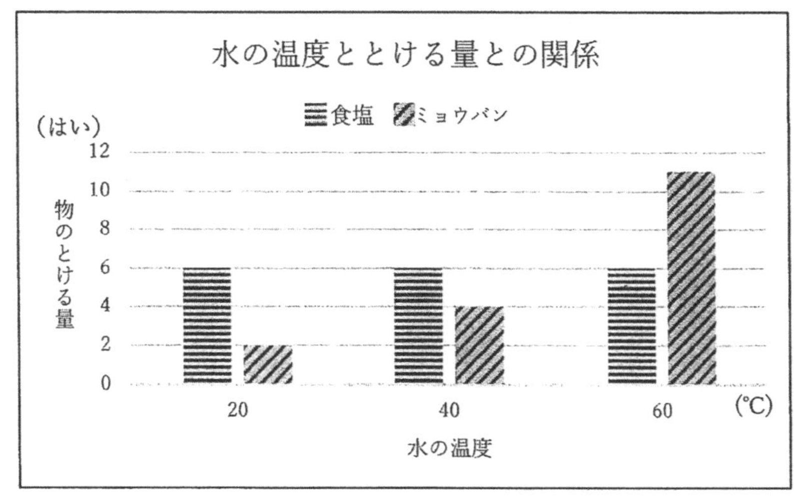

3 百葉箱について、下の各問いに答えなさい。

問1 百葉箱を設置する高さは地面から何 m ですか。以下のア～オから最も適当なものを1つ選びなさい。

ア 0.2m～0.5m　イ 0.6m～0.9m　ウ 1.2m～1.5m
エ 2.5m～2.8m　オ 9.0m～9.5m

問2 百葉箱は木でつくられていて、全体が白色にぬられているのはなぜですか。以下のア～オから最も適当なものを1つ選びなさい。

ア 木だと安価で作ることができ、白色は他の色より安いから。
イ 木で作った百葉箱は修理が簡単で、白色は目立つから。
ウ 木は熱が伝わりにくく、白色は光を反射するから。
エ 木で作った百葉箱は長持ちし、白色をぬるとさらに長持ちするから。
オ 百葉箱を考案した人がヨーロッパに強いあこがれを持っており、白い洋館をイメージして作ったため。

問3 日本にある百葉箱のとびらが北を向いているのはなぜですか。以下のア～オから最も適当なものを1つ選びなさい。

ア 百葉箱のとびらを開けるときに、百葉箱の中が直射日光を浴びないようにするため。
イ どの方角を向いていても良いが、向きを統一する必要があるため。
ウ 日本では、北がえん起の良い方角とされているため。
エ 日本では、南側から強い風がふくことが多いため。
オ 台風が南側からやってくることが多いため。

問4 百葉箱は、たくさんの「ひだ」が集まったような外観をしていて、たくさんのすき間があります。なぜたくさんのすき間があるのでしょうか。以下のア～オから最も適当なものを1つ選びなさい。

ア 熱でぼう張してもこわれないようにするため。
イ 密閉を防ぎ、風通しを良くするため。
ウ 材料費を節約するため。
エ 百葉箱を軽量化するため。
オ 百葉箱の中に入っているものを外から見えるようにするため。

問5 百葉箱を設置する場所として適切なのはどこですか。以下のア～オから最も適当なものを1つ選びなさい。

ア コンクリートの上
イ アスファルトの上
ウ 土の上
エ しば生の上
オ 鉄板の上

2024(R6) 如水館中
K 教英出版

(4) 次のグラフは、下線部⑤の年以降の産業別人口の割合の変化を示したグラフです。Ⅰ・Ⅱ・Ⅲの産業別人口の組み合わせとして正しいものを、あとの㋐〜㋓の中から選び、記号で答えなさい。

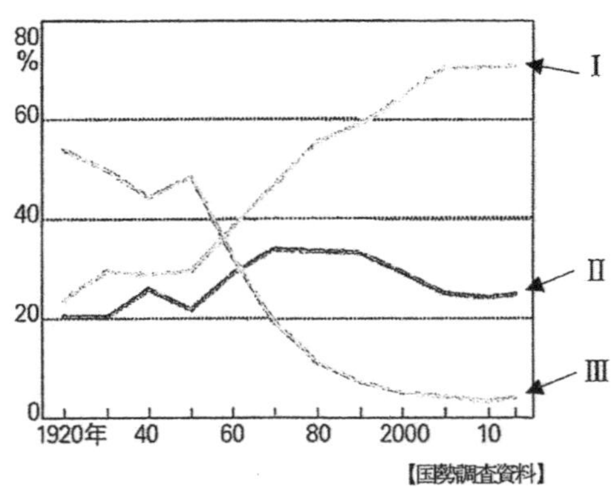

㋐	Ⅰ 第1次産業	Ⅱ 第2次産業	Ⅲ 第3次産業
㋑	Ⅰ 第2次産業	Ⅱ 第3次産業	Ⅲ 第1次産業
㋒	Ⅰ 第3次産業	Ⅱ 第1次産業	Ⅲ 第2次産業
㋓	Ⅰ 第3次産業	Ⅱ 第2次産業	Ⅲ 第1次産業

(5) 下線部⑥の日本国憲法の内容として誤っているものを、あとの㋐〜㋓の中から選び、記号で答えなさい。

㋐ 国会は国権の最高機関とされている。
㋑ 地方自治のしくみが定められている。
㋒ 内閣は国会に対して責任を持つ。
㋓ 天皇の名で裁判を行う。

(6) 年表中の[⑦]には、公害だけでなく、あらゆる環境問題に対応するために定められた法律が入ります。その法律を、漢字で答えなさい。

(2)　下線部②の鎌倉と下線部③の関ヶ原の位置について、地図中で示しているａ～ｄの組み合わせとして正しいものを、あとの㋐～㋓の中から選び、記号で答えなさい。

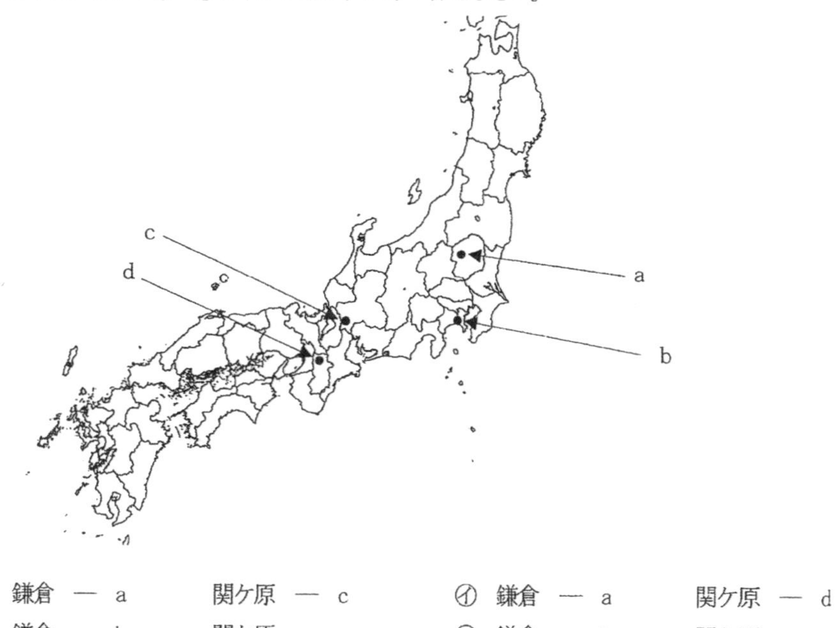

㋐　鎌倉　―　a　　関ヶ原　―　c　　㋑　鎌倉　―　a　　関ヶ原　―　d
㋒　鎌倉　―　b　　関ヶ原　―　c　　㋓　鎌倉　―　b　　関ヶ原　―　d

(3)　下の地図は、下線部④の年に出発した、ある人物たちの航路を示したものです。その説明として正しいものを、あとの㋐～㋓の中から選び、記号で答えなさい。

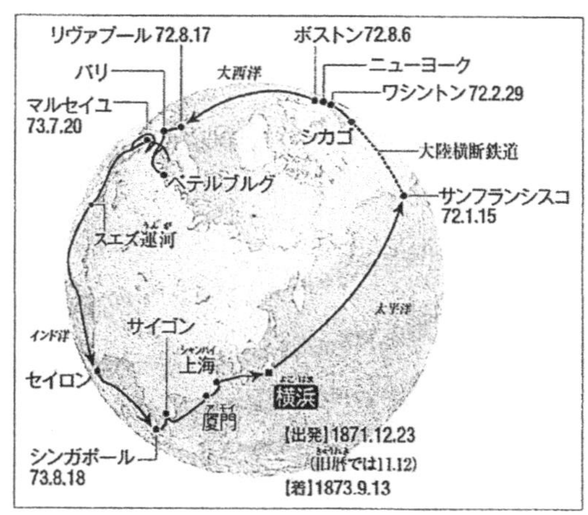

㋐　フランシスコ＝ザビエルのキリスト教布教の経路

㋑　アメリカ東インド艦隊司令長官ペリーの艦隊の航路

㋒　岩倉具視使節団の航路

㋓　東郷平八郎による第一次世界大戦参戦の経路

4 次の年表をみて、あとの問いに答えなさい。

年代	できごと
604年	聖徳太子が憲法十七条を制定する
	↕ ①
1192年	源頼朝が征夷大将軍につき、②鎌倉に幕府を開く
1600年	③関ケ原の合戦がおこる
④1871年	廃藩置県がおこなわれる
⑤1920年	日本が国際連盟に加入する
1947年	⑥日本国憲法が施行される
1993年	公害対策基本法を廃止して、新たに［⑦］が定められる

(1) ①の時期におこったできごと㋐～㋒を、古い順に並びかえなさい。

㋐ 平清盛が武士で初めて太政大臣に任じられ政治を行った。
㋑ 大海人皇子が壬申の乱で勝利して天武天皇になった。
㋒ 藤原氏が権力をにぎり、摂関政治を行った。

(4)　下線部④について、出生数が減っていくことによって起こると考えられるものとして誤っているものを、あとの㋐～㋓の中から選び、記号で答えなさい。

㋐　小学校の統廃合が進む。
㋑　人手不足が起こり、24 時間営業などの店舗が減る。
㋒　都市部から地方へ多くの人口が移動する。
㋓　社会保障制度が維持できなくなる。

(5)　下線部⑤に関わって、下に書かれたメモは、地球温暖化について話し合われた国際会議の内容を書いたものです。この会議の名称として正しいものを、あとの㋐～㋓の中から選び、記号で答えなさい。

【　メモ　】

1992 年にリオデジャネイロで開催(かいさい)され、「持続可能な開発」をテーマにとうぎされ、「アジェンダ 21」の採択(さいたく)や、「生物多様性条約」の調印が行われた。また、地球サミットともいわれている。

㋐　国連人間環境会議
㋑　国連環境開発会議
㋒　持続可能な開発に関する世界首脳会議
㋓　第 21 回国連気候変動枠組条約締約国会議

(6)　下線部⑥について、北大西洋条約機構（NATO）に加盟していない国として正しいものを、あとの㋐～㋓の中から選び、記号で答えなさい。

㋐　アメリカ
㋑　イギリス
㋒　ロシア
㋓　ドイツ

(1)　下線部①について、文化庁は中央省庁のある省の組織の一つです。その省として正しいものを、あとの㋐～㋓の中から選び、記号で答えなさい。

㋐　国土交通省
㋑　文部科学省
㋒　外務省
㋓　環境省

(2)　下線部②について、G7のメンバーは日本、フランス、アメリカ、イギリス、ドイツ、イタリア、カナダの7か国です。このうち、国際連合の安全保障理事会の常任理事国はいくつありますか。正しいものを、あとの㋐～㋓の中から選び、記号で答えなさい。

㋐　1か国
㋑　2か国
㋒　3か国
㋓　4か国

(3)　下線部③について、TPPの説明として正しいものを、あとの㋐～㋓の中から選び、記号で答えなさい。

㋐　東南アジア10か国が加盟している、経済・政治・社会・文化・安全保障に関する協力組織である。
㋑　欧州域内の経済的統合を目指して加盟国間の経済・通貨の統合、共通外交・安全保障政策の実施、欧州市民権の導入、司法・内務協力の発展等を目指して設立されたものである。
㋒　関税をなくし、輸出入の制限を少なくして自由な世界の貿易を推進するために、1995年に発足した国際組織である。
㋓　アジア太平洋地域において、モノの関税だけでなく、サービス、投資の自由化を進め、さらには知的財産など、幅広い分野でルールを構築する経済連携協定（けいざいれんけいきょうてい）である。

3 次の会話文は、Aさん～Fさんが、2023年にそれぞれ注目したニュースについて述べています。これを見てあとの問いに答えなさい。

私が注目したニュースは、①文化庁が京都へ全面移転したニュースだよ。

Aさん

私が注目したニュースは、②G7サミットが広島で開催されたことだよ。

Bさん

私が注目したニュースは、イギリスの③TPPへの加盟を認める合意がされたことだよ。

Cさん

私が注目したニュースは、1899年以降初めて日本の④出生数が80万人を下回ったことだよ。

Dさん

私が注目したニュースは、国際連合の気候変動に関する政府間パネル（IPCC）が、最新の報告書で⑤温室効果ガスの排出量（はいしゅつりょう）を2035年までに、2019年比で60%減らす必要がある、と報告したことだよ。

Eさん

私が注目したニュースは、フィンランドが⑥北大西洋条約機構（NATO）に加盟したことだよ。

Fさん

(3)　下の資料は、1951年に日本が結んだ、ある条約の調印式の様子です。この翌年に占領が終わり、日本は主権を回復しました。日本が占領されるきっかけとなった戦争名と、資料が示す条約名の組み合わせとして正しいものを、あとの㋐～㋓の中から選び、記号で答えなさい。

㋐　(　戦争名　) 第一次世界大戦　　(　条約名　) 日米和親条約
㋑　(　戦争名　) 第一次世界大戦　　(　条約名　) サンフランシスコ平和条約
㋒　(　戦争名　) 第二次世界大戦　　(　条約名　) 日米和親条約
㋓　(　戦争名　) 第二次世界大戦　　(　条約名　) サンフランシスコ平和条約

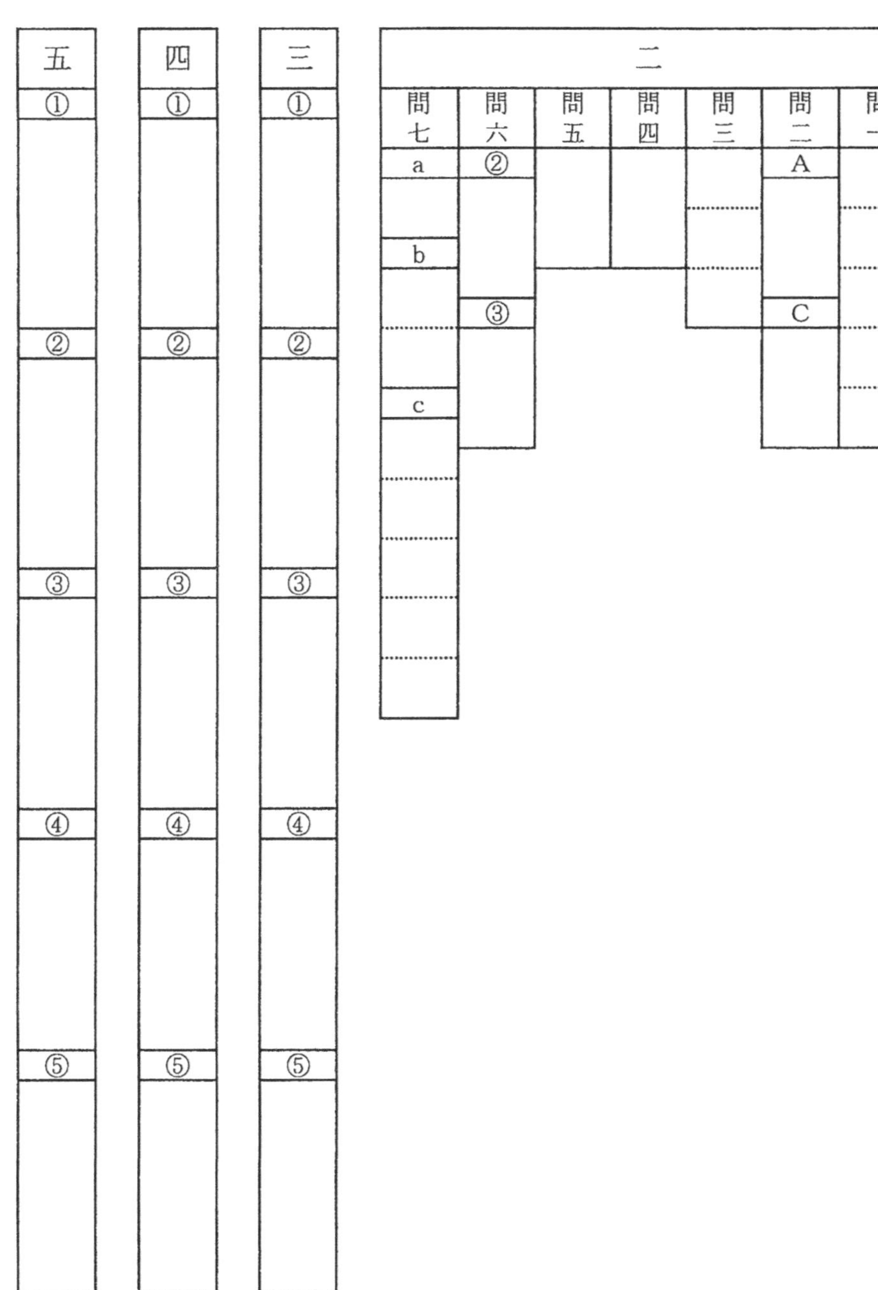
二
問一
問二
A
C
問三
問四
問五
問六
②
③
問七
a
b
c
三
①
②
③
④
⑤
四
①
②
③
④
⑤
五
①
②
③
④
⑤

如水館中学校　令和６年度　入学試験

※100点満点
（配点非公表）

算数　解答用紙

受験番号	

※単位が必要な場合には必ず単位を記入すること

1

（1）	（2）	（3）
（4）	（5）	（6）

2

（1）	（2）	（3）
（4）	（5）	（6）

【解答用

令和６年度　如水館中学校　入学試験

英語　解答用紙

受験番号	

※100点満点
（配点非公表）

【リスニング問題】

1	No.1		No.2		No.3		No.4		No.5	

2	No.1		No.2		No.3	

3	①		②	
	③		④	

【筆記問題】

令和６年度　如水館中学校　入学試験

※50点満点
（配点非公表）

理科　解答用紙

受験番号	

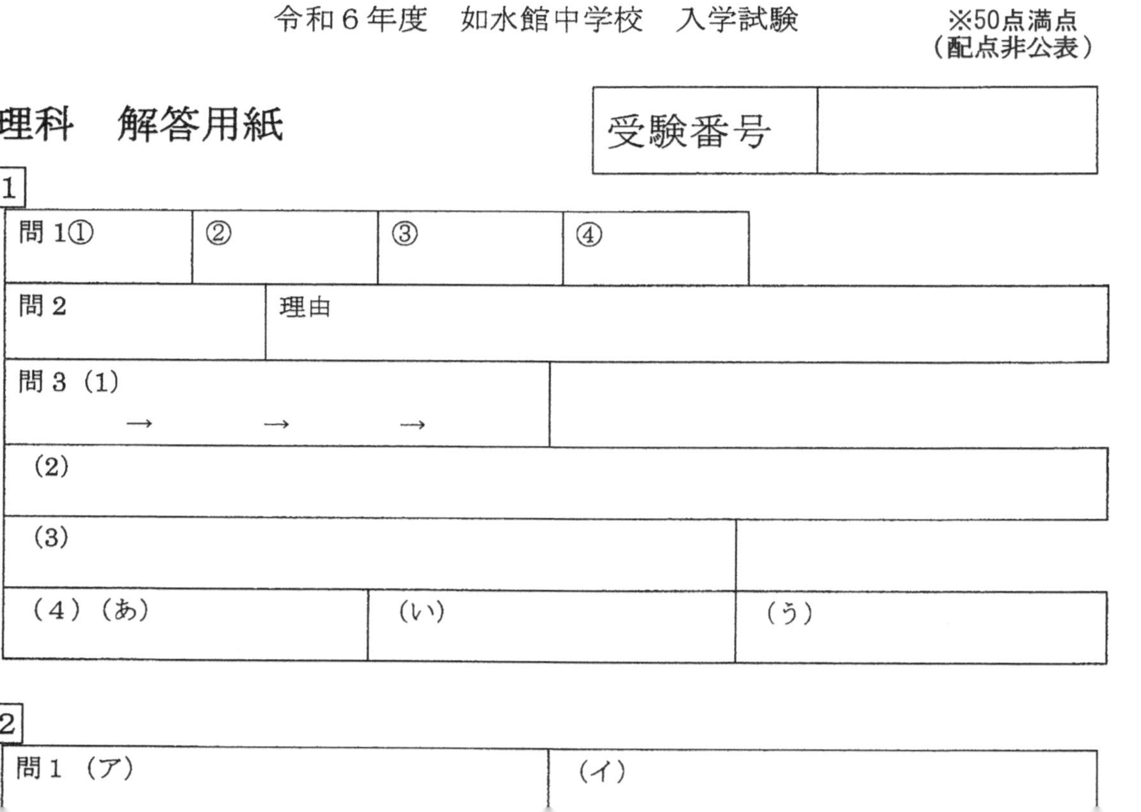

1

問 1①	②	③	④
問 2	理由		
問 3（1）　→　→　→			
（2）			
（3）			
（4）（あ）	（い）	（う）	

2

問 1（ア）	（イ）

令和６年度　如水館中学校　入学試験

※50点満点
（配点非公表）

社会　解答用紙

受験番号	

1	(1)	(2)	(3)
	(4)	(5)	(6)

2	I	(1)	(2)
	II	(1)	(2)

【解答用

6 たかしさんは、「うさぎとかめ」の物語をもとにして、次のような場面を考えました。

> うさぎとかめが、1000 m 競走をした。スタート地点を同時に出発したときのうさぎの速さは分速 100 m、かめの速さは分速 20 m であった。スタートしてから 4 分後、うさぎは 41 分間昼寝（ひるね）をしたが、かめは休まずに同じ速さで歩き続けた。
>
> うさぎが昼寝から起きた後、スタートしたときと同じ速さで再び走り出したが、220 m 走ったところで、昼寝をした場所に忘れ物をしたことに気づき、その場所まであわててもどった。取りにもどるのに 2 分かかったので、この 2 分間のうさぎの走る速さは、分速□m だった。
>
> それからうさぎは再び、分速 120 m の速さでゴールを目指して走ったが、結局、かめに負けてしまった。

【図】

スタート地点
・うさぎの速さ 分速100m
・かめの速さ　分速20m
4分後、
うさぎが
41分間昼寝
うさぎが起きて
分速100mで
再び走る
2分間かけて
分速□mでもどる
うさぎは
220m走って
忘れ物に気づく
かめは
分速20mで
歩き続ける
ゴール地点
うさぎが再び分速120mでゴールを目指す

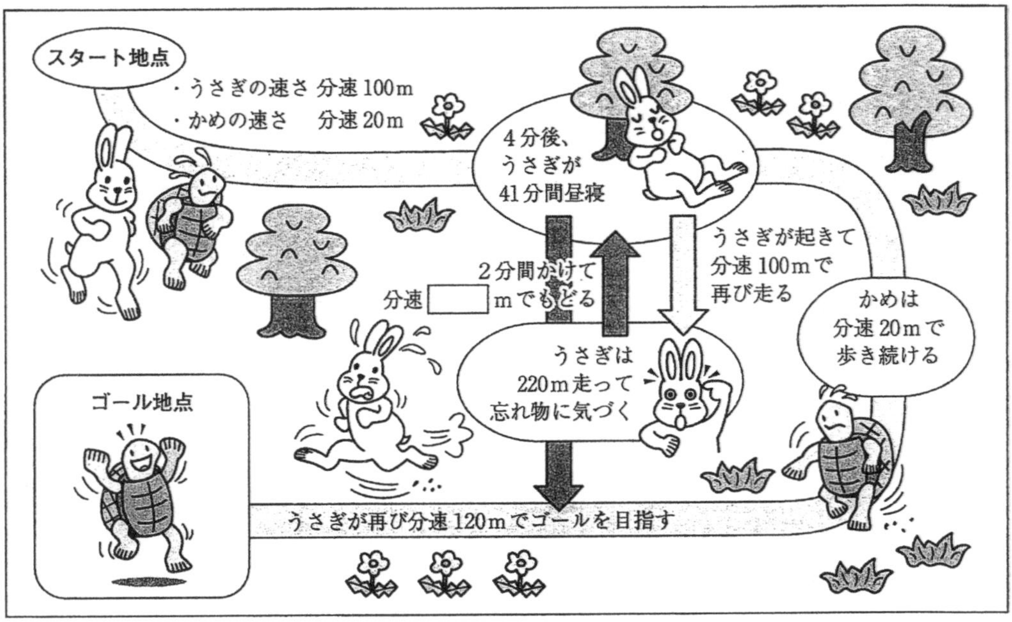

(1) 昼寝をしているうさぎのところにかめが追いつくのは、出発してから何分後か答えなさい。

(2) □にあてはまる数を答えなさい。

(3) その後、たかしさんは、この競走で最終的にうさぎが勝つ方法を考えました。いくつか考えられますが、たかしさんは、うさぎが昼寝をした時間を短くすればよいと思いました。その場合、何分間より短くすればよいですか。考えられる最も長い時間を答えなさい。また、その求め方を、文章や式を使って説明しなさい。なお、答えが小数になっても構いません。

5 人間は、さまざまなエネルギーを上手に使って便利な生活を手に入れています。エネルギーがなければ、私(わたし)たちは1秒たりとて生きることができません。そのうち、私たちの生活に欠かせない大切なエネルギーが電気エネルギーです。現在、日本では、火力発電、原子力発電、水力発電、再生可能エネルギーという4つの主な発電方法がありますが、今回、まことさんは、水力発電について考えました。

水力発電は、位置エネルギーを電気エネルギーに変える方法です。山の中にダムを建設し、水がもつ位置エネルギーを使って、ダムから水を落下させて発電所にあるタービンを回すことで発電しています。まことさんは、位置エネルギーを調べるために、次のような実験を行いました。

右の【図】は、固定された斜面(しゃめん)を利用して、台車が木片(もくへん)にしょうとつし、木片が動いたきょりから台車のもつ位置エネルギーを調べる装置(そうち)です。木片が動いたきょりが大きいほど、台車のもつ位置エネルギーは大きいといえます。

【図】

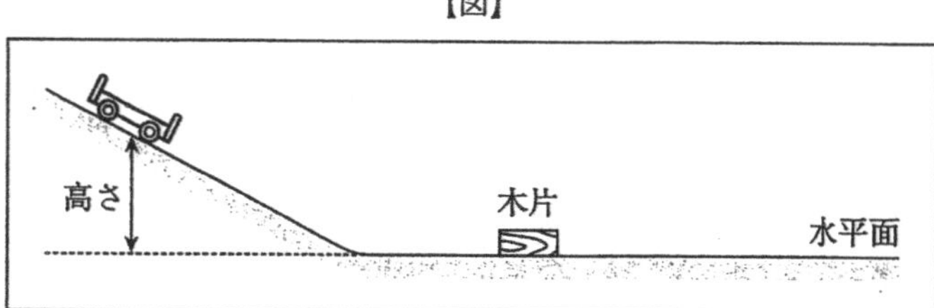

この装置を使って、[実験1]、[実験2]を行いました。

なお、台車が木片にしょうとつしたあとは一体となって、進む向きを変えずに水平面を一直線上に進むものとします。

[実験1]

同じ重さ(1.0 kg)の台車を使って、はなす高さを変え、木片が動いたきょりを測定したところ、【表1】のような結果になった。

【表1】

高さ(cm)	4.0	8.0	12.0	16.0	20.0
きょり(cm)	1.9	4.0	6.2	8.1	9.8

[実験2]

重さの異(こと)なる台車を使って、同じ高さ(8.0 cm)からはなし、木片が動いたきょりを測定したところ、【表2】のような結果になった。

【表2】

重さ(kg)	1.0	1.5	2.0	2.5	3.0
きょり(cm)	4.0	5.8	8.1	9.9	12.2

(1) 次のA・Bの場合について、台車をはなした高さは何 cm か、整数で答えなさい。

A 重さ 1.0 kg の台車をある高さからはなしたとき、木片は 2.5 cm 動いた。

B 重さ 3.5 kg の台車をある高さからはなしたとき、木片は 3.5 cm 動いた。

(2) 効率のよい水力発電を行うため、発電所を山のふもとにつくるとすると、どのような特ちょうがあるダムを建設すればよいと思いますか。[実験1]、[実験2]の結果から考えられることをもとにして説明しなさい。

4 ゆうこさんが、お店でサクラの苗(なえ)を買いました。そのときの店員さんとの会話について、あすかさんと話しています。

ゆうこ：この前、お店でサクラの苗を買ったんだけど、店員さんが「花は育て方によって、花が咲(さ)く時期を早くできるんだよ」と教えてくれたの。

あすか：サクラが咲くのは3月下旬(げじゅん)でしょう。そういえば、冬に咲くサクラがあるって聞いたことがあるから、そのことかしら？

ゆうこ：確かに、そういうサクラもあるみたいね。だけど、店員さんが言うのは、春に咲くサクラであっても、もう咲いている場所があるんだって。

あすか：まだ1月なのに……。信じられないわ。あっ、沖縄県じゃないかしら。

ゆうこ：はずれ！　正解は山形県にあるサクラの栽培農家(さいばいのうか)さんだって。右の【図】のようなサクラの盆栽(ぼんさい)を育てていて、全国に出荷(しゅっか)しているそうよ。

【図】

あすか：えっ、山形県は東北よ。まだ寒いんじゃないの？

ゆうこ：うん。でも、花は条件がそろうとちゃんと咲くみたい。

あすか：理科の授業で、花が成長する条件は全部で5つあると習ったわね。そのうち、開花の時期に関係するのは、［　　　　］と［　　　　］の2つかしら。

ゆうこ：その通りね。だから、サクラに限らず、ふつうは春分の日を過ぎたころからいろいろな花が咲くんだわ。でも、サクラの栽培農家さんは、この条件を人工的に整えて、育てているんでしょうね。

あすか：ということは、サクラ以外でも、花が咲く時期を変えることができるのかしら？

ゆうこ：きっと、<u>育てる環境(かんきょう)を変えれば、ほかの植物であっても開花時期が変えられる</u>と思うわ。

(1) 会話文中の［　　　　］にあてはまる条件を2つ答えなさい。

(2) 下線部について、ゆうこさんの考えが正しいかどうかを確かめるためには、どのような実験を行えばよいですか。あなたが考えた実験内容を説明しなさい。ただし、必要であれば図などを使っても構いません。

2024(R6) 如水館中
K 教英出版

(1) 下線部①に関連して、現代の私たちと異なり、江戸時代の人々は時間をどのようにとらえていましたか。問題文（文章）と【図】を参考にして、「江戸時代の人々は、」という書き出しに続けて、70字以内で説明しなさい。なお、制限字数には書き出しをふくみます。

(2) 下線部②に関連して、江戸時代の人々の時間のとらえ方が、明治時代に入り、大きく変わったのはなぜだと考えられますか。近代化を進めていた明治政府の政策と工場での生産のようすをふまえて、学校教育や工場のきまりが果たした役割を明らかにしながら、問題文（文章）と【資料１】～【資料３】を参考にして、200字以内で説明しなさい。ただし、鉄道が果たした役割について説明する必要はありません。

【資料１】1873（明治６）年の「小学生生徒心得」の一部

第２条　毎日学校には、授業の始まる時間の10分前に来なさい。
第６条　授業の時間になったらそれぞれの席に着いて、先生のさしずを待ちなさい。
第７条　もし授業の時間に遅れて登校するときは、……遅刻の理由を言って先生のさしずを待ちなさい。

【資料２】1875（明治８）年の海軍兵器工場の規則の一部

一　毎朝作業開始５分前の鐘で、それぞれの担当する工場へ集まり、作業開始の合図ですぐに始めること。
一　遅刻した者は、給料を減らす。

【資料１】・【資料２】は、わかりやすい文章に書き直している。

【資料３】明治時代の工場のようす

蒸気で、たくさんの機械を動かすので、いっせいに作業が開始された。

右の写真は、日本最初の官営機械製糸工場として1872年（明治５年）に操業を開始した富岡製糸場（群馬県富岡市）の内部を撮影したもので、繰糸器を動かす動力源として蒸気機関が使われた。

(写真提供：一般社団法人富岡市観光協会)

如水館中学校　令和６年度入学試験

※100点満点
（配点非公表）

適性検査Ⅰ 解答用紙（表面）

受験番号	

※ 単位が必要な場合には必ず単位を記入すること。
※ 5、6の解答らんは裏面にあります。

1

(1)	本	
(2)	答え　本	
	説明	

2

(1)	重さ	重くなった　・　軽くなった　・　変わらなかった
	説明	
(2)		

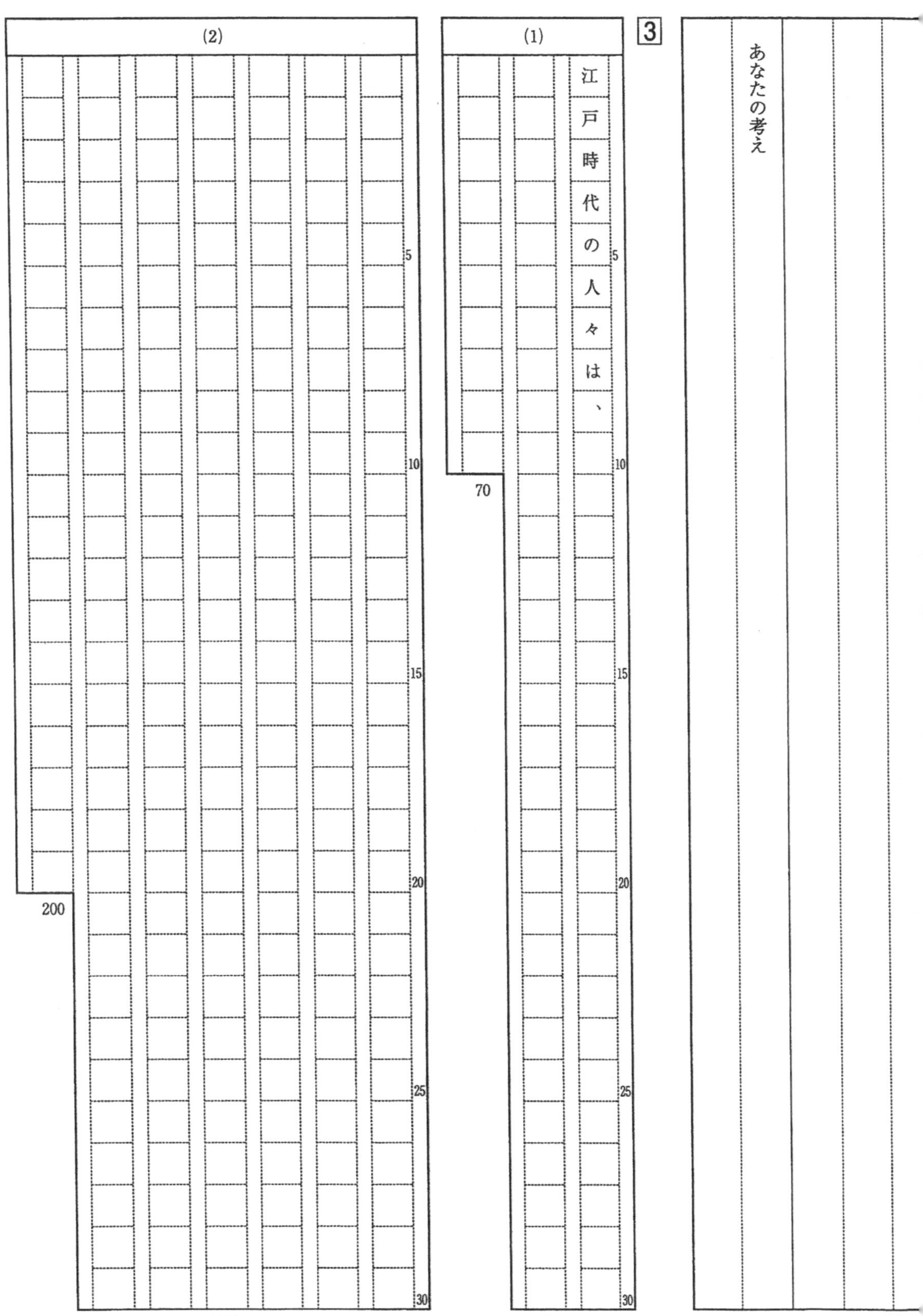
(2)
200
120
(1)
江戸時代の人々は、
70
60
3
あなたの考え

如水館中学校　令和六年度入学試験　適性検査Ⅱ　解答用紙

※すべてたて書きで書きなさい。

1

2

読み取れること

※100点満点
（配点非公表）

受験番号

如水館中学校　令和６年度入学試験

適性検査Ⅰ 解答用紙（裏面）

受験番号	

5

(1)	A　　　cm	B　　　cm
(2)		

6

(1)	分後
(2)	
(3)	答え　　　分間より短くすればよい
	説明

3

(1)	【図１】　　　　　通り	【図２】　　　　　通り	【図３】　　　　　通り
(2)	図		通る点の順番

4

(1)		
(2)		

3 なおきさんは、次の文章を読み、これに関連した【資料1】～【資料3】を集めました。

みなさんは、今朝、何回時計を見ましたか？　特に今日は時間が気になりますよね。試験に間に合うように、いつもより早く起きて、テレビ画面にある時刻を気にして、家の人に「ほらほら、急いで！」などと言われ、いそがしく出かけてきたかもしれません。電車やバスの時間は、きっと事前に調べておきましたよね。そして、ほら、今また時計を見ましたね。「試験時間は、あと何分残っているのだろう？」と。

今の私たちの社会の大前提になっているのが、人々が時間を守ること、遅刻をしないことです。しかし、今から150年ほど前の日本人はちがっていました。

幕末の日本に西洋技術を伝えたある外国人は、次のように書き残しています。「日本人の悠長さと言ったらあきれるくらいだ」「修理のために満潮時に届くように注文したのにまったく届かない木材、工場に一度顔を出したきり二度ともどってこない職人……」

それもそのはず、①江戸時代の時刻制度は、「不定時法」【図】であったため、現代の私たちの時間の感覚とはとても大きなへだたりがあったのです。

【図】江戸時代の不定時法

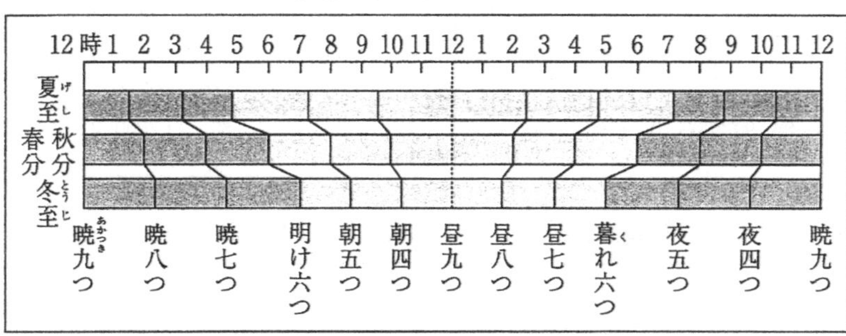

日の出（明け六つ）と日の入り（暮れ六つ）を基準に、昼と夜を6等分した。
季節により日の出・日没の時刻が変わるので、時間の長さに大きな差があった。

（外園豊基編『最新日本史図表』より作成）

明治時代に入り、時間の感覚を最初に身につけたのは、時計を手にした鉄道員でした。1872（明治5）年、横浜－新橋間に鉄道が開業し、鉄道員は「分」単位の列車の運行を始めたからです。しかし、乗客は、まだほとんどの人が時計を持っていません。また、これまでの「不定時法」の生活に慣れていたため、開業当初は「陸蒸気（蒸気機関車のこと）の船頭待ってくれ！」とさけびながら列車に乗り遅れていた人々もかなりいたそうです。「分」という一つの点として時間をとらえ、時間がくればお構いなしに出発する陸蒸気に人々はとまどいました。しかし、このような時間の感覚にとまどいながらも、学校で教育を受けた世代が育つにつれて変わっていきます。また、近代的な工場が建設され、そこで働く人々の時間感覚も変わっていきました。こうして、時間をある程度はばのあるものとしてとらえる時代から、②時間に厳しい時代へと変わっていきました。

2 日本と世界の人口を調べるために、【図1】～【図3】を集めました。【図1】は、日本の総人口の移り変わりを年齢別にまとめたもので、【図2】は、世界の総人口を地域別にまとめたものです。いずれも、2020年以降は予測値です。また、【図3】は、おもな国の人口の年齢構成と総人口をまとめたものです。これらをもとにして、日本は世界とどのように異なっているのかを読み取って説明しなさい。また、そのことをふまえたとき、これから私たち日本人には何が求められていると思いますか。あなたの考えを書きなさい。

【図1】日本の総人口の移り変わり
（年齢別・中位推計による予測値をふくむ）

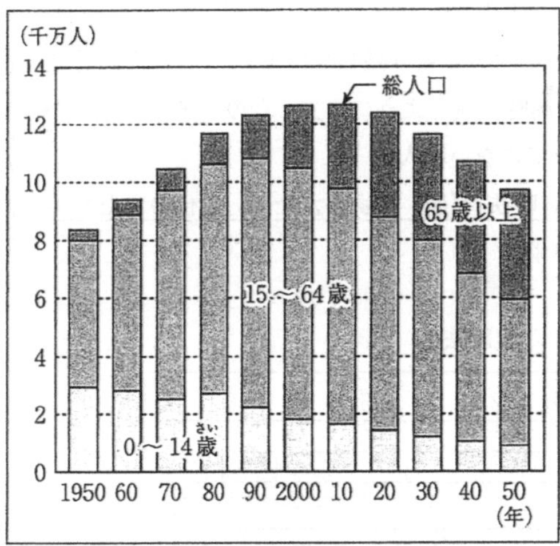

【図2】世界の総人口の移り変わり
（地域別・予測値をふくむ）

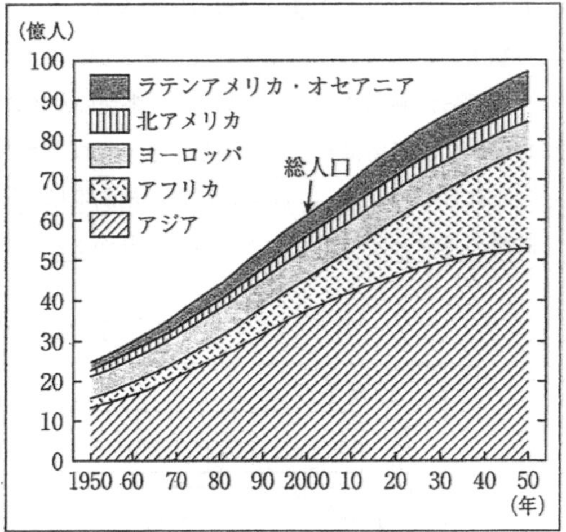

【図3】おもな国の人口の年齢構成と総人口（2021年）

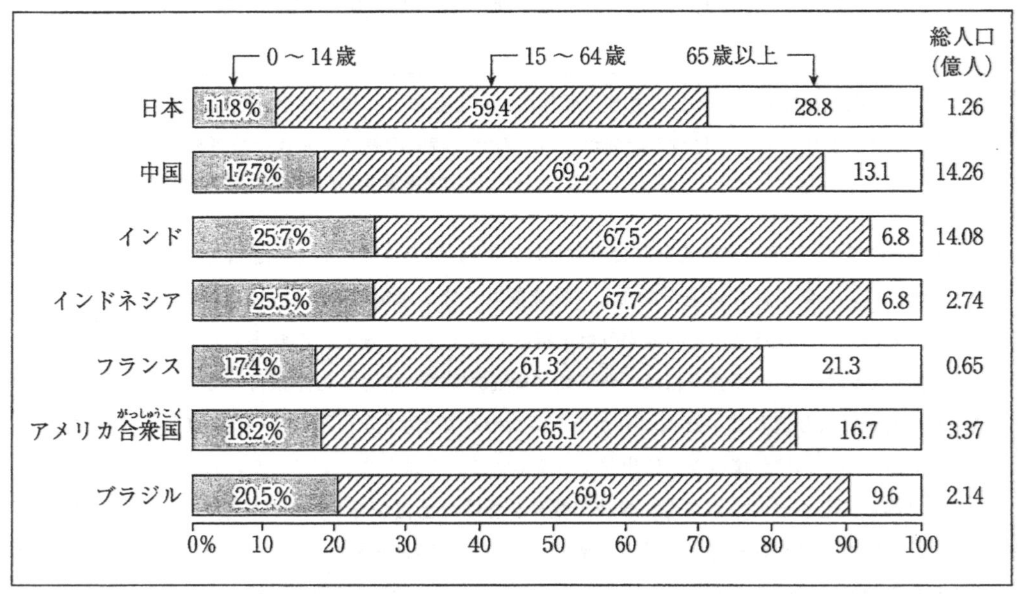

（図1～3ともに『日本国勢図会 2023/24』『世界国勢図会 2023/24』より作成）

1 だいちさんは図書館に行き、次のような文章を見つけました。

やる気まんまんで机に向かい、テスト勉強を始めようとしたとき、机のわきに置いてあったニンテンドースイッチが目に入ってきました。勉強をしようと思いつつ、ちょっとだけとゲーム機を手にとってしまったら最後。気づいたら二時間以上ゲームにのめりこんでいました。

もちろん、勉強に対するやる気はすっかりなくなっていて、そこから勉強を始めることもなく、そのまま寝てしまいました。

みなさんにはこういう経験、ありませんか？

やる気があったとしても、そのやる気を邪魔するのは、この場合のゲームのような、誘惑です。この誘惑という敵は、なかなか手強く、油断すると誘惑にすぐに負けてしまいます。中高生に限らず、大人になっても誘惑に打ち勝つことはとても難しいのです。私たち人間は、とても誘惑に弱い生き物です。

さて、読者のみなさんに、またまた質問です。

人生で成功するために、もっとも必要なものは何だと思いますか？

頭の良さ（知能、学力）や学歴でしょうか。身体的魅力（かっこ良さ、かわいさ）でしょうか。それとも経済力（お金）でしょうか。

実は、これらはすべて不正解です。どれも多少なりとも必要かもしれませんが、「もっとも」必要なものではないのです。

答えは、「我慢強さ」です。ただし、これについてはいろいろな考え方（学説）がありますので、興味のある方は調べてみるとよいですね。

でも、我慢強さが重要であるということは、まぎれもない事実です。だって、人生において、我慢しなくちゃいけない場面って数多くありますよね。健康のためにカロリーが高いものを食べない、身体の痛みを我慢する、大勢の前では怒りを抑える、他人を不快にする偏見を示さない、など。例を挙げたらきりがないほどです。この例は大人が直面することが多い我慢ではありますが、中高生のみなさんだって我慢しなければいけないことはたくさんあるはずです。冒頭の例でいえば、勉強するためにゲームをするのを我慢しなければなりません。また、スポーツをやっている人は練習のために辛いけれど我慢して筋肉トレーニングをしなければならないこともあるでしょう。他にも、難しい問題を解こうとするときには、我慢強さが必要になりますよね。わからないとすぐにあきらめてしまっては、答えにたどりつくことはできません。

また、仕事のパフォーマンスについても、職種を問わず、我慢強さでこれらを予測できることがわかっています。つまり、我慢強い人は、大学での成績や仕事のパフォーマンスが高く、成功しやすいということです。

この我慢強さは、子どもであっても大人であってもとても重要なのです。

（外山 美樹『勉強する気はなぜ起こらないのか』〈ちくまプリマー新書〉による）

この文章を読んで、あなたはどのようなことを考え、具体的に、どのようなことに取り組んでいこうと思いましたか。中学入学後の日々の生活とも関連づけて、あなたの考えや取り組みを、240字以上300字以内で書きなさい。

如水館中学校

令和６年度入学試験

適性検査Ⅱ

（50分）

注　意

1　試験開始のチャイムが鳴るまで開いてはいけません。
2　問題用紙は４ページあり、問題は **1** から **3** まであります。これとは別に、解答用紙が１枚あります。
3　解答用紙には受験番号を書きなさい。
4　答えはすべて解答用紙に記入しなさい。

3 こういちさんとあきひこさんは、一筆書きについて考えています。

こういち：図形を一度書き始めたら、ペン先を紙からはなさずに最後まで書き終えてしまうことを一筆書きというんだよ。

あきひこ：一筆書きは、一度通った線とは交わってもいいけれど、同じ線を２回以上なぞってはいけないというきまりだったね。

(1) 次の【図１】～【図３】を一筆書きで書く方法はそれぞれ何通りあるか答えなさい。ただし、書き始めはそれぞれ、点A、点B、点Cとします。

【図１】

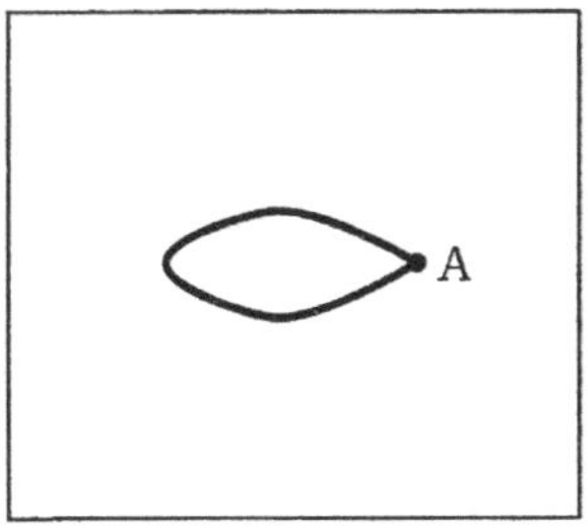

A

【図２】

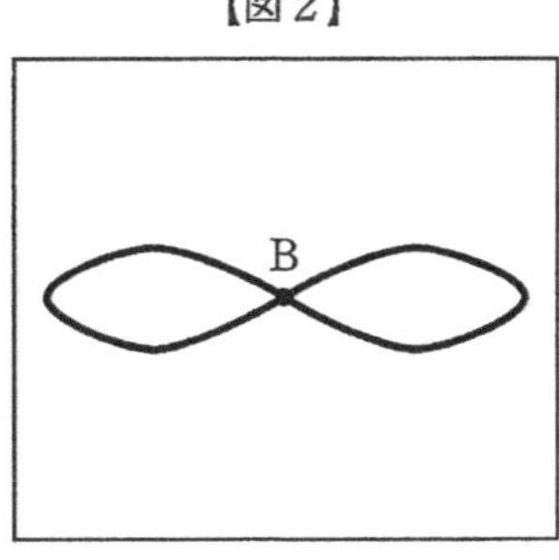

【図３】

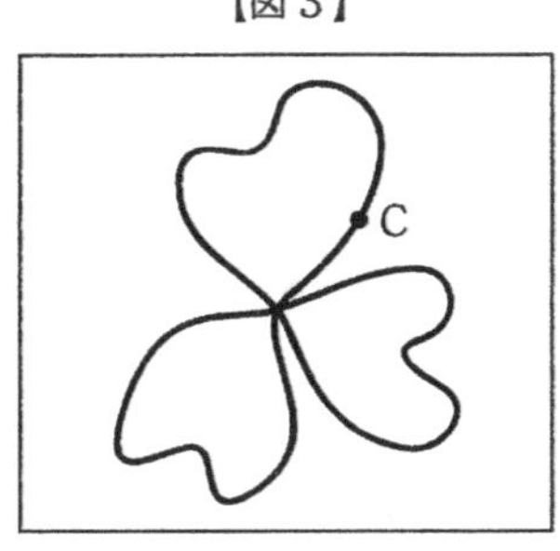

【図４】

①　④

②　③

こういち：図形の頂点や線が交わる点には、１つの点から出ている線が奇数本（きすうほん）のものと偶数本（ぐうすうほん）のものがあって、奇数本の線が出ている点を奇数点、偶数本の線が出ている点を偶数点というんだ。

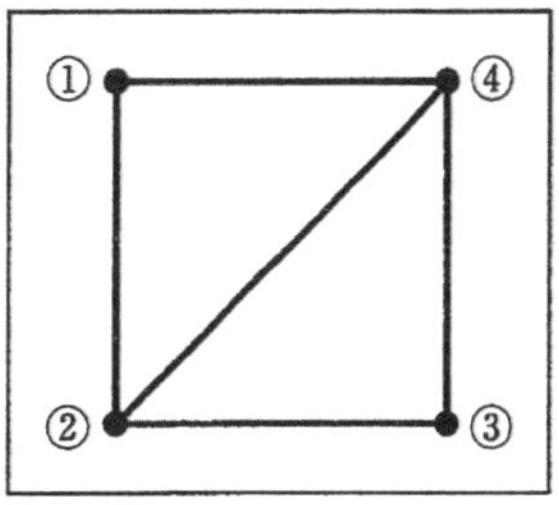

あきひこ：たとえば、【図４】の①の点からは２本の線が出ているので偶数点だね。それから、②の点からは３本の線が出ているので奇数点、③の点からは２本の線が出ているので偶数点、④の点からは３本の線が出ているので奇数点になるね。

こういち：だから、【図４】は奇数点が２個、偶数点が２個からできている図形といえるんだ。

あきひこ：実は、その図形が一筆書きができるかどうかは、この奇数点と偶数点の個数によるんだよ。一筆書きは、奇数点が０個または２個のときにはできて、奇数点が０個のときはどの点から書き始めてもいいけれど、奇数点が２個のときは、そのどちらかの奇数点から書き始めなければいけないんだ。

こういち：つまり、【図４】は２個ある奇数点のどちらかから書き始めれば一筆書きができるんだね。

あきひこ：正解。だから、【図４】についていえば、書き始めから書き終わりまで、通る点の順番の一つとして、<u>②→③→④→②→①→④</u> があるね。

(2) 会話文中の説明をふまえて、奇数点が２個、偶数点が３個の一筆書きができる図形を１つ書きなさい。また、点には①～⑤の番号をつけ、書き始めから書き終わりまで、通る点の順番の一つを、下線部のように答えなさい。

2 まことさんとひかるさんは、冬休みにクリスマスケーキを焼くために、小麦粉、バター、砂糖、卵、ベーキングパウダーなどを用意しました。まことさんは、「ベーキングパウダーは、『ふくらし粉』とよばれていて、これを入れ忘れるとケーキがふくらまないのは家庭科の授業で習ったけれど、なぜ、ベーキングパウダーを入れると、ケーキがふくらむの……？？」と思いました。そこで、冬休みが終わった後、先生にそのことを話しました。すると、理科の授業で、次の【図】のような実験をすることになりました。

【図】

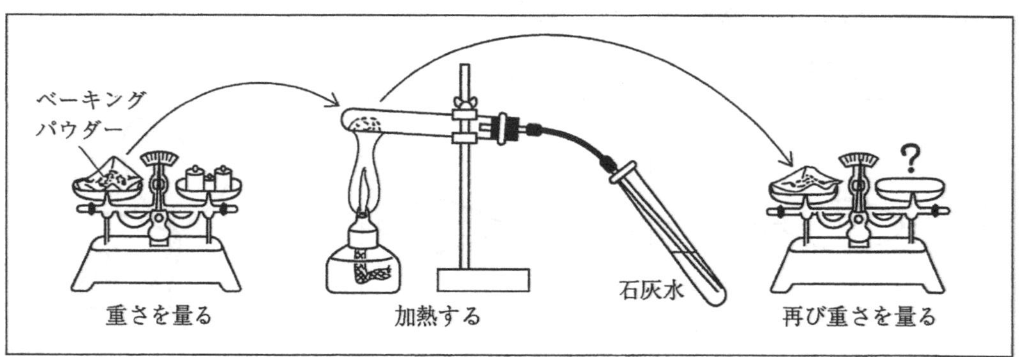

ベーキングパウダーを加熱すると水蒸気が発生するんだって。この水蒸気は試験管のかべで冷やされて水滴になるけれど、この水滴が試験管の加熱する部分に流れると試験管が急に冷えて割れるおそれがあるんだ。

だから、試験管の口を下げて実験するのね。ベーキングパウダーから発生した気体を試験管の中の石灰水に通すと、白くにごったわね。ベーキングパウダーを入れると、ケーキがふくらむ理由がだんだんわかってきたわ。

(1) 十分に加熱した後、試験管に残ったベーキングパウダーの重さを量りました。加熱前と比べて、重さはどうなったと考えられますか。「重くなった」「軽くなった」「変わらなかった」の中から1つ選び、解答用紙に○をしなさい。また、そのように考えた理由を説明しなさい。

(2) この実験をもとにして、ベーキングパウダーがケーキをふくらませるしくみを説明しなさい。

1 まこととさんとひかるさんは、四角形や五角形、六角形に、次の【図】のように、対角線を引いていきました。

【図】

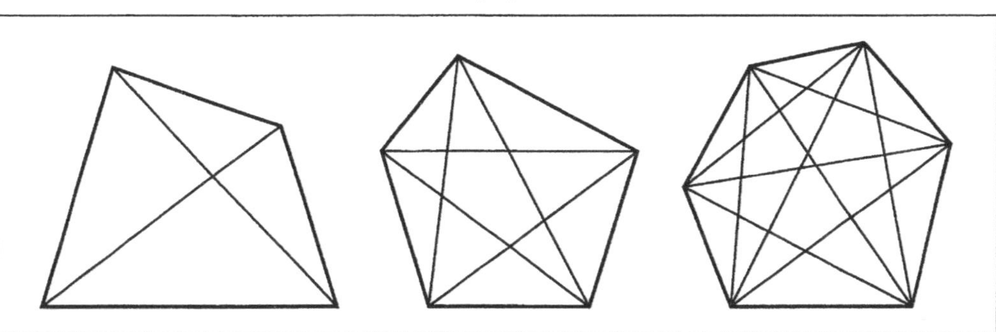

対角線とは、多角形のとなり合わない２つの角の頂点を結んだ直線のことだね。【図】を見ると、四角形には対角線が２本、五角形には５本引いていることがわかるね。

六角形は……、数えるのが少し大変だけど、全部で９本の対角線が引いてあるわね。数えた対角線にチェックを入れれば、数えそびれたり、複数回数えてしまったりする心配がなくなるわ。

確かにそうだけど、規則性に着目すれば、わざわざ数えなくても、計算で求めることができると思うよ。じゃあ、１つの頂点から引ける対角線についても考えてみよう。

(1)　１つの頂点から引ける対角線は、【図】からわかるように、四角形が１本、五角形が２本、六角形が３本です。では、九角形の場合、１つの頂点から引ける対角線は何本か答えなさい。

(2)　九角形の対角線は、全部で何本引けるか答えなさい。また、その求め方を、文章や式を使って説明しなさい。

如水館中学校
令和６年度入学試験

適性検査Ⅰ

（50分）

注　意

1　試験開始のチャイムが鳴るまで開いてはいけません。
2　問題用紙は６ページあり、問題は 1 から 6 まであります。これとは別に、解答用紙が１枚あります。
3　解答用紙には受験番号を書きなさい。
4　答えはすべて解答用紙に記入しなさい。

	Ⅲ	(1)	(2)	(3)

3			
	(1)	(2)	(3)
	(4)	(5)	(6)

4			
	(1) → →	(2)	(3)
	(4)	(5)	(6)

(4)	(5)

3

問 1	問 2	問 3	問 4	問 5

4

問 1	問 2	問 3
問 4 食塩は水の温度が		
ミョウバンは水の温度が		

5

問 1	問 2	問 3
問 4	問 5	

5	(1)		(2)		(3)		(4)		(5)	

6															
	(1)	2番目		4番目		(2)	2番目		4番目		(3)	2番目		4番目	
	(4)	2番目		4番目		(5)	2番目		4番目						

7	(1)		(2)		(3)		(4)	

8	(1)		(2)		(3)		(4)		(5)	

(7)

3

(1)	(2) ①
(2) ②	(3)

4

(1)	(2)	(3)

5

(1)	(2)	(3)

6

(1)	(2) → → → →

如水館中学校　令和六年度入試　解答用紙

国語

受験番号

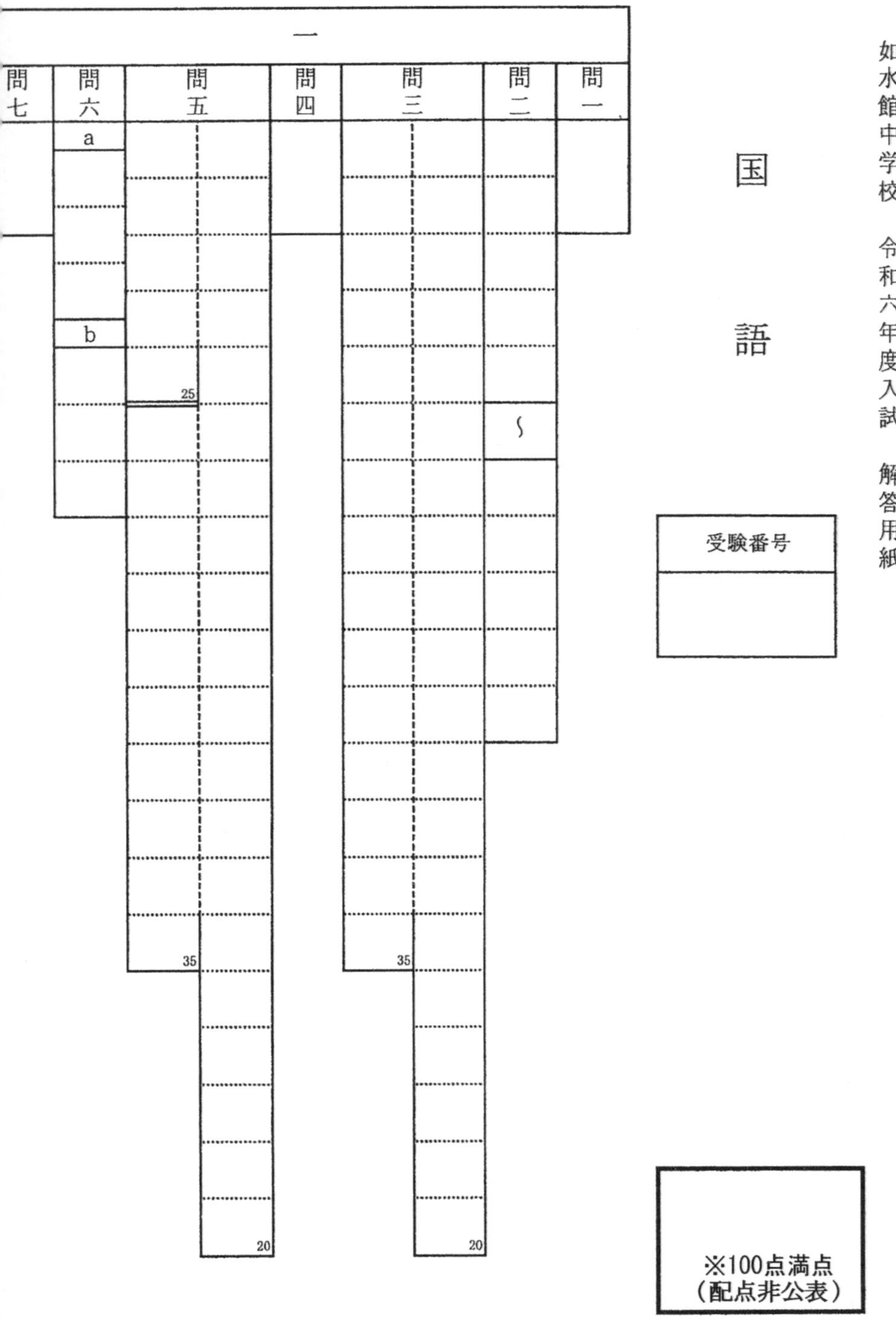

※100点満点
（配点非公表）

Ⅲ　次の年表を見て、あとの問いに答えなさい。

年　代	で　き　ご　と
1854年	江戸幕府が開国する
1858年	不平等な条約を結ぶ
1871年	ヨーロッパに使節団が送られる
1883年	（　A　）で舞踏会（ぶとうかい）などが開かれる
1886年	（　B　）事件が起こる
1894年	（　C　）戦争が始まる（～95年）
1901年	官営八幡製鉄所で生産が始まる
1904年	（　D　）戦争が始まる（～05年）
1911年	条約改正が達成される

(1)　年表中の（　A　）・（　B　）に入る語句の組み合わせとして正しいものを、あとの㋐～㋓の中から選び、記号で答えなさい。

㋐　（　A　）鹿鳴館（ろくめいかん）　　（　B　）フェートン号
㋑　（　A　）鹿鳴館（ろくめいかん）　　（　B　）ノルマントン号
㋒　（　A　）富岡製糸場　　（　B　）フェートン号
㋓　（　A　）富岡製糸場　　（　B　）ノルマントン号

(2)　年表中の（　C　）・（　D　）に入る語句の組み合わせとして正しいものを、あとの㋐～㋓の中から選び、記号で答えなさい。

㋐　（　C　）西南　　（　D　）日清
㋑　（　C　）西南　　（　D　）日露
㋒　（　C　）日清　　（　D　）西南
㋓　（　C　）日清　　（　D　）日露

Ⅱ　次の資料A・B にかかわって、あとの問いに答えなさい。

A

B

(1)　上の資料A・Bに関係の深い人物の組み合わせとして正しいものを、あとの㋐〜㋓の中から選び、記号で答えなさい。

㋐　A　足利義満　　B　徳川家康
㋑　A　足利義満　　B　豊臣秀吉
㋒　A　足利義政　　B　徳川家康
㋓　A　足利義政　　B　豊臣秀吉

(2)　資料A・Bそれぞれが作られた時期の間に起きたできごととして**誤っている**ものを、あとの㋐〜㋓の中から選び、記号で答えなさい。

㋐　武士たちは、元軍の集団戦術や火薬兵器（てつはう）などに苦しみながら、恩賞を得るために必死で戦いました。
㋑　ポルトガル人を乗せた船が種子島に流れ着き、このときに鉄砲が日本に伝えられました。
㋒　フランシスコ・ザビエルが鹿児島に来て、西日本を回りながらキリスト教の教えを広めました。
㋓　織田信長は、安土の城下町ではだれでも商売ができ（楽市・楽座）、市場の税や関所をなくすなど、これまでのしくみを大きく改めて、商業や工業をさかんにしました。

2 次のⅠ・Ⅱ・Ⅲの問いに答えなさい。

Ⅰ 次の文を読んで、あとの問いに答えなさい。

平城京に都が移ってしばらくたったころ、病気の流行、災害や反乱の発生など社会に不安が広がっていました。このころ位についた（ A ）は、仏教の力で社会の不安をしずめて国を治めようと願い、国ごとに国分寺を立てることを命じました。743年（ A ）は大仏をつくる詔（みことのり）（天皇の命令）を出しました。大仏は、全国の国分寺の中心である（ B ）に置かれました。

都が平城京から平安京（京都府）に移された平安時代になると、朝廷の政治を一部の有力な貴族が動かすようになりました。（ C ）の子孫である藤原氏は、娘を天皇のきさきにして天皇とのつながりを強くして大きな力をもちました。藤原氏は、藤原道長のころに最も大きな力を持ちました。

(1) 上の文中の（ A ）・（ B ）・（ C ）に入る語句の組み合わせとして正しいものを、あとの㋐～㋓の中から選び、記号で答えなさい。

㋐ （ A ）天智天皇　（ B ）東大寺　（ C ）小野妹子
㋑ （ A ）天智天皇　（ B ）法隆寺　（ C ）中臣鎌足
㋒ （ A ）聖武天皇　（ B ）東大寺　（ C ）中臣鎌足
㋓ （ A ）聖武天皇　（ B ）法隆寺　（ C ）小野妹子

(2) 上の文中の下線部、藤原道長の説明として正しいものを、あとの㋐～㋓の中から選び、記号で答えなさい。

㋐ 北条氏が政治を行うようになると、幕府をたおす命令を全国に出しました。
㋑ 世の中のすべてが自分の思い通りになっているという意味の「もち月の歌」をよみました。
㋒ 中国に使いを送り、おくり物をしたので、中国の皇帝はお返しに倭王の称号を与えました。
㋓ 地方の反乱をしずめたことで西日本に勢力をのばし、源氏をおさえて政治を行いました。

(5)　次の文章は、日本にある世界遺産のうち、自然遺産について説明したものです。この文章で説明されている自然遺産を、あとの㋐～㋓より選び、記号で答えなさい。

・1993年に、日本で初めて自然遺産に登録された。
・この自然遺産は、複数の県にまたがっている。
・ここは、人の影響をほとんど受けていない世界最大級のブナの原生林が広がっている。
・ここは、多くの種類の植物や動物が生息する貴重な生態系が保たれている。

㋐　白神山地　　㋑　小笠原諸島　　㋒　屋久島　　㋓　知床

(6)　次の地図は、三原市の土砂災害情報を示した、国土地理院のハザードマップです。このハザードマップの中で、色が濃くなっている部分 ⬬ は、特に土砂災害の危険性が高い場所を示しています。この理由として考えられることを、あとの㋐～㋓より選び、記号で答えなさい。

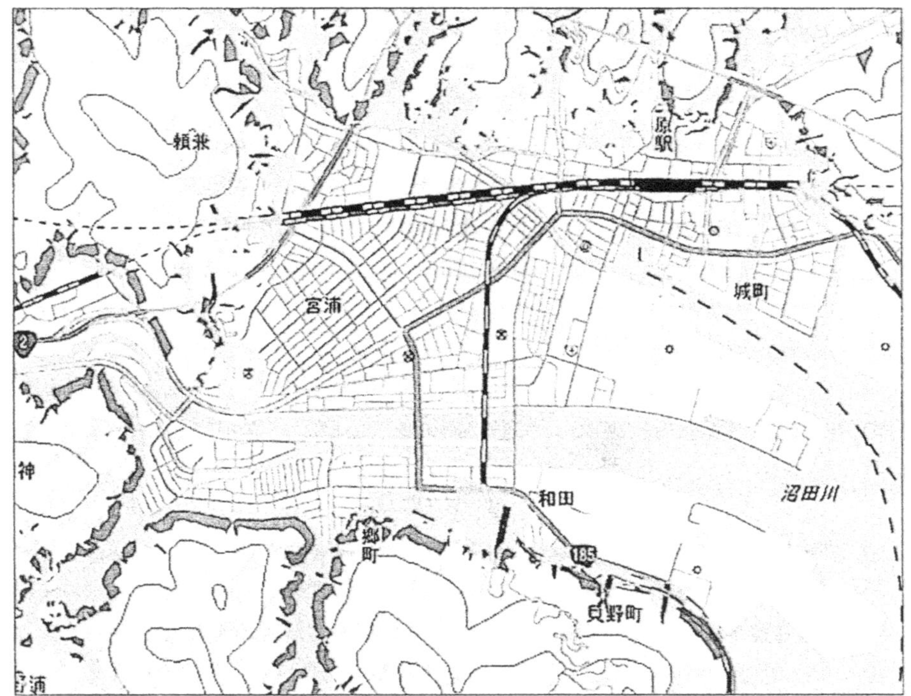

㋐　他の場所に比べて、低い土地になっているから。
㋑　他の場所に比べて、埋(う)め立てられた部分が多いから。
㋒　他の場所に比べて、急な斜面(しゃめん)が広がっているから。
㋓　他の場所に比べて、住宅地としての開発が進められているから。

(4) 次の表とグラフは、日本の農業に従事する人数と、年齢(ねんれい)の割合を示したものです。この表とグラフから考えられる、日本の農業の状況として正しいものを、あとの㋐～㋓より選び、記号で答えなさい。

年	59歳(さい)以下（人）	60歳(さい)以上（人）	合計（人）	60歳(さい)以上割合（%）
1960	10, 129, 246	1, 620, 588	11, 749, 834	13. 79
1970	5, 678, 238	1, 430, 942	7, 109, 180	20. 13
1980	2, 981, 821	1, 146, 625	4, 128, 446	17. 77
1990	1, 579, 835	1, 347, 287	2, 927, 122	46. 03
2000	804, 727	1, 594, 852	2, 399, 579	66. 46
2010	526, 500	1, 524, 937	2, 051, 437	74. 34
2015	379, 616	1, 374, 148	1, 753, 746	78. 35

年齢別基幹的農業従事者数（単位：人）

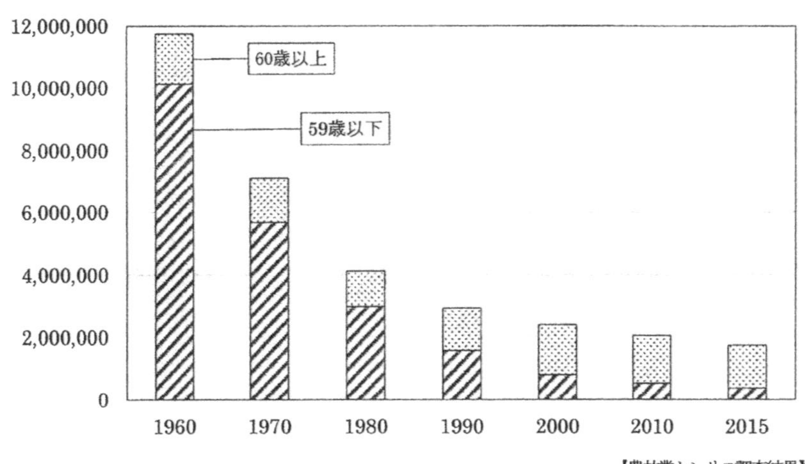

【農林業センサス調査結果】

※基幹的農業従事者：農業就業(しゅうぎょう)人口のうち、ふだん仕事として自営農業に従事している者。

※従事：その仕事に関係し、それを自分の仕事としてつとめること。

㋐ 1960年から2015年にかけて、60歳以上の農業に従事する人の割合は、増え続けている。

㋑ 1960年から2015年にかけて、農業に従事する60歳以上の人の数は、大きく減っている。

㋒ 農業に従事する59歳以下の人は、1960年から2015年にかけて減り続けている。

㋓ 農業に従事する60歳以上の人の割合は、1960年に比べて2015年は約3倍になっている。

(3) 次のグラフは、日本の自動車の国内生産台数と海外生産台数および輸出台数をあらわしたものです。このグラフの内容や、自動車産業の状況（じょうきょう）を説明したものとして正しいものを、あとの㋐～㋓より選び、記号で答えなさい。

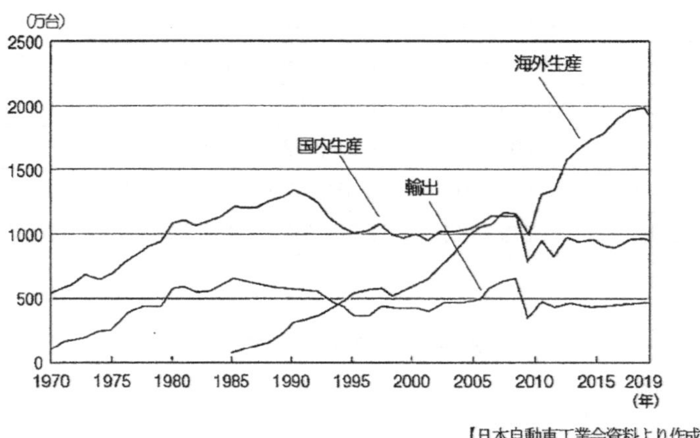

【日本自動車工業会資料より作成】

㋐ 国内生産台数は常に増加している。

㋑ 2008年の石油危機の影響で、国内生産台数や輸出台数が減少した。

㋒ 2019年の海外生産台数は、国内生産台数の約4倍となっている。

㋓ 1985年ころから海外生産が始まった理由は、おもにアメリカとの貿易まさつを解消するために、現地に工場を作ったからである。

1 次の問いに答えなさい。

(1) 次の資料は、日本の川と外国の川を比べたものです。日本の川の特徴をあらわしたものとして正しいものを、あとの㋐～㋓より選び、記号で答えなさい。

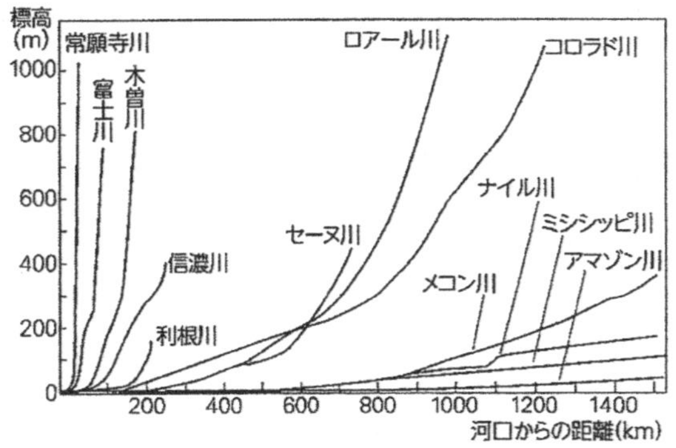

㋐ 日本の川は、外国の川と比べて、川の長さが長く、ゆるやかな流れが多い。
㋑ 日本の川は、外国の川と比べて、川の長さが長く、急な流れが多い。
㋒ 日本の川は、外国の川と比べて、川の長さが短く、ゆるやかな流れが多い。
㋓ 日本の川は、外国の川と比べて、川の長さが短く、急な流れが多い。

(2) 次の雨温図は、那覇市・岡山市・金沢市・札幌市のものです。下の雨温図のうち、岡山市を示しているものとして正しいものを、あとの㋐～㋓より選び、記号で答えなさい。

㋐

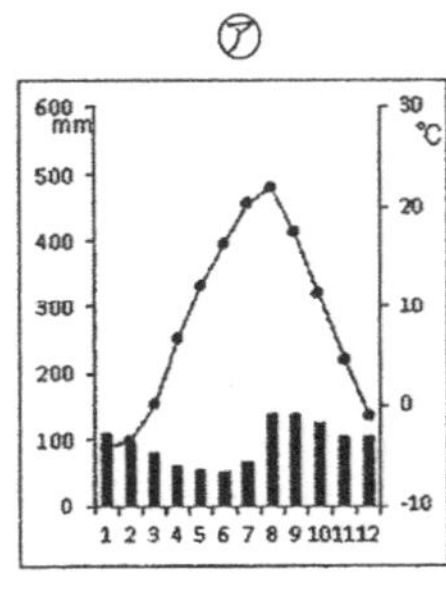

㋑

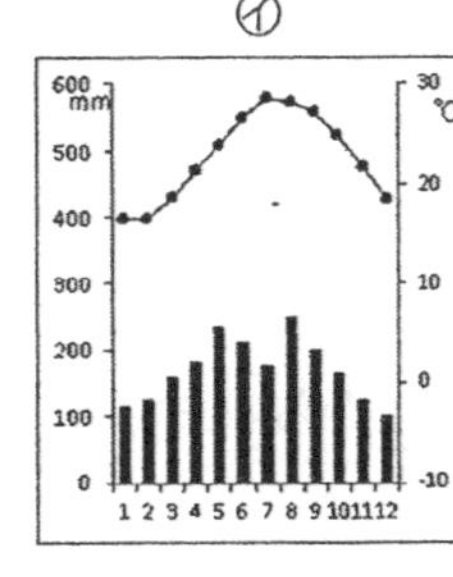

㋒

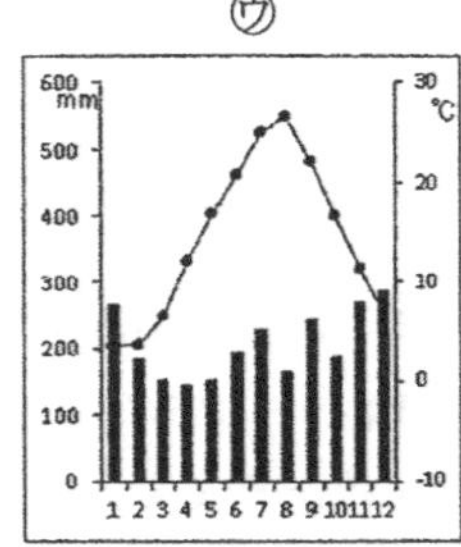

㋓

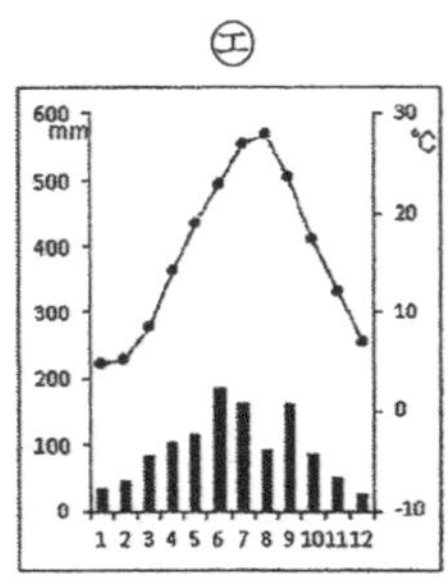

【気象庁データより作成】

如水館中学校

令和６年度入学試験

社　　会

(※社会と理科２科目60分)

注　　　意

1　試験開始のチャイムが鳴るまで開いてはいけません。
2　問題用紙は14ページあり、問題は[1]から[4]まであります。これとは別に解答用紙が１枚あります。
3　解答用紙には受験番号を書きなさい。
4　答えはすべて解答用紙に記入しなさい。

2　太郎さんと花子さんの対話文を読み、下の各問いに答えなさい。

太郎：「やあ、花子さん。夏の自由研究は順調かい？」
花子：「うん順調だよ。太郎くんは何にしたの？」
太郎：「ぼくはインゲンマメをいろいろな条件で育てて、レポートにまとめるよ。」
花子：「そうなんだ。この前、植物の発芽と成長は授業でやったよね！」
太郎：「うん。たしか発芽する条件は、水、適当な（　ア　）、空気で、成長には（　イ　）と肥料が必要だったよね？」
花子：「うん。とくに（イ）は植物に必要な養分をつくるはたらきで必要なんだ。」
太郎：「そうだったよね。中でも、ぼくは発芽の条件についての実験をしてレポートにまとめようと思う。」
花子：「なんか面白そう。また結果をまとめたら教えてね。」

問１　対話文中の（ア）と（イ）に適する語句を答えなさい。

問２　太郎さんは、インゲンマメが発芽する条件を調べるために、以下の実験A～Fをしました。下の各問いに答えなさい。

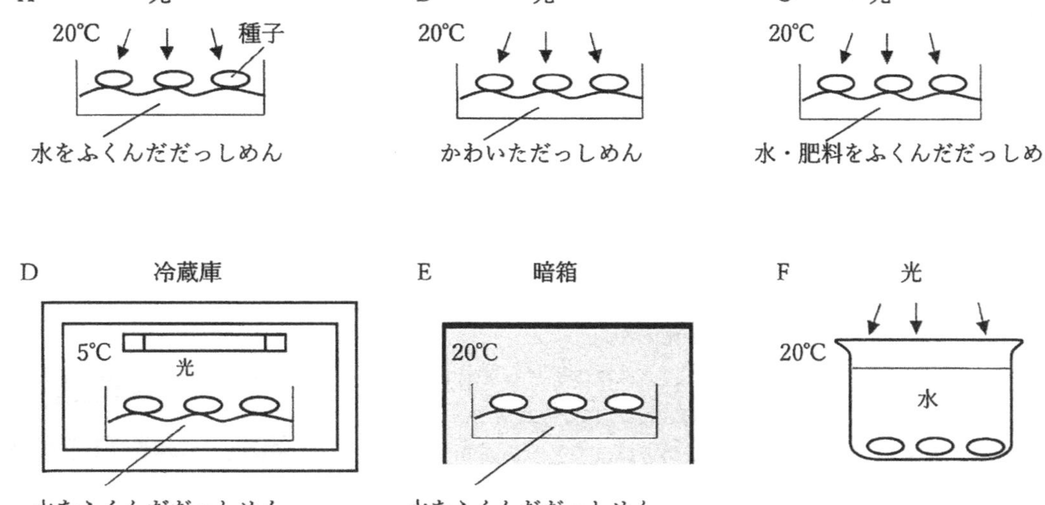

（１）発芽するために空気（酸素）が必要であることを調べるためには、どの装置とどの装置を比べればよいですか。A～Fから２つ選び記号で答えなさい。
（２）発芽するために水が必要であることを調べるためには、どの装置とどの装置を比べればよいですか。A～Fから２つ選び記号で答えなさい。
（３）発芽するために適当な（ア）が必要であることを調べるためには、どの装置とどの装置を比べればよいですか。A～Fから２つ選び記号で答えなさい。
（４）発芽するために（イ）が必要でないことを調べるためには、どの装置とどの装置を比べればよいですか。A～Fから２つ選び記号で答えなさい。
（５）発芽するために肥料が必要でないことを調べるためには、どの装置とどの装置を比べればよいですか。A～Fから２つ選び記号で答えなさい。

1 メダカの飼育と観察について、下の各問いに答えなさい。

ある日ヒロアキさんは、メダカを飼うことにしました。以下の文章は、飼い方についてまとめたものです。

- 水そうを置く場所は、日光が直接（① ア.当たらない / イ.当たる）明るいところに置く。
- 水そうに入れる小石や砂は、買ってきたものを （② ウ.そのまま洗わずに / エ.よく洗ってから）入れる。
- 水は、水道水を（③ オ.そのまま / カ.くみ置きしたものを）使う。
- えさは、1日に（④ キ.2～3回 / ク.4～5回）あたえる。
- 毎朝水そうを見て、たまごを見つけたら水草をつけたまま別の入れ物に移す。
- たまごの入った入れ物の水温が上がりすぎないように注意する。

問1 上の文章が正しくなるように、(①) ～ (④) の中のア～クから適切な言葉を選び、記号で答えなさい。

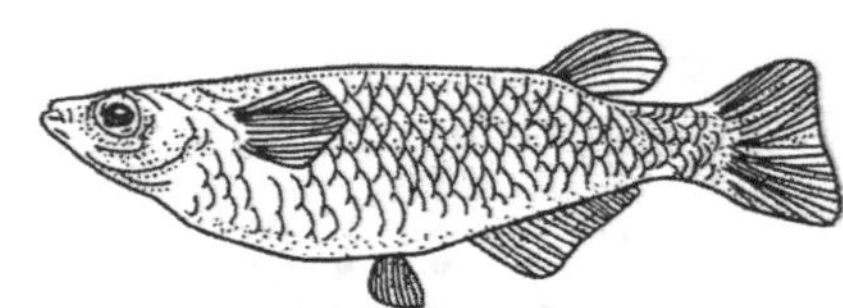
図1

問2 図1のメダカは「おす」と「めす」のどちらかを答えなさい。また、そのように選んだ理由も1つ書きなさい。

問3 下線部について下の各問いに答えなさい。

(1) 以下の文章はたまごの中の変化のようすを表しています。
A～Dの文章を、変化の順に並べかえなさい。
A からだの形がわかるようになる。
B 心臓と血管が見えてくる。
C あわのような物がたくさん見える。
D たまごの「まく」を破って、メダカの子どもが出てくる。

(2) メダカがたまごからかえり、図2のようになったとき、エサを2～3日あたえなくてもよいということがわかりました。それはなぜか簡単に説明しなさい。

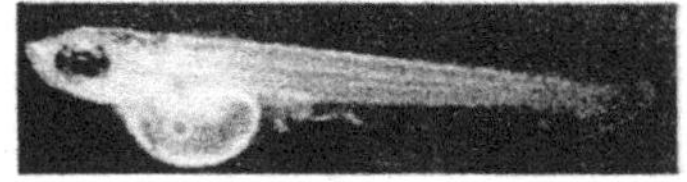
図2

(3) メダカのたまごを観察するときに、図3のようなけんび鏡を使用しました。このけんび鏡の名しょうを答えなさい。

(4) (3) のけんび鏡の（あ）～（う）の名しょうを答えなさい。

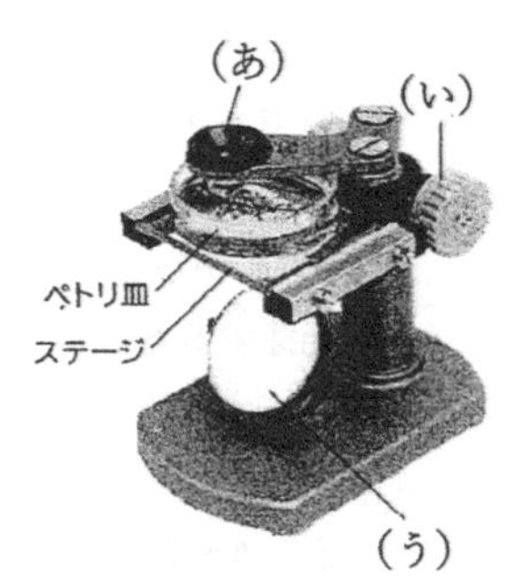

図3

2024(R6) 如水館中
K 教英出版

如 水 館 中 学 校

令和６年度入学試験

理　　科

(※理科と社会２科目60分)

注　　　意

1　試験開始のチャイムが鳴るまで開いてはいけません。
2　問題用紙は５ページあり、問題は[1]から[5]まであります。これとは別に解答用紙が１枚あります。
3　解答用紙には受験番号を書きなさい。
4　答えはすべて解答用紙に記入しなさい。

7 あなたはウェブサイトで以下のお知らせを見つけました。その内容について、(1)～(4)の問いに対する答えとして最も適切なものを 1, 2, 3, 4 の中から一つ選び、番号で答えなさい。

2024/01/05

2024

LET'S SPEAK ENGLISH !

Hi, everyone! This is a free English conversation class. We will teach you words and expressions used in everyday life. We have classes for children and adults. Beginners are welcome!

DATES: Feb. 14th – Mar. 13th (every Wednesday)　< 5 times >

TIME: 18:00 – 20:00

PLACE: Josuikan Junior High School

F E E: Lesson fee no charge. (Textbook fee 1,000 yen)

【SCHEDULE】

Lesson 1	Self-introduction
Lesson 2	Hobbies – What do you do in your free time? Let's talk about your hobbies.
Lesson 3	Situation ① / Shopping - What do you need for dinner? Let's buy what you need.
Lesson 4	Situation ② / Using public transport - Ask someone how you go to the nearest station.
Lesson 5	Review

*Please bring your indoor shoes on lesson days.

If you have any questions, please send us an e-mail.
E-mail: enjoyenglish@j-school.com

5 次の（　　）内に入る最も適切なものをA, B, C, Dの中から一つ選び、記号で答えなさい。

(1) A ： What time do you get up, Kevin?
B ： I usually get up (　) seven.

A） in　　B） on　　C） for　　D） at

(2) Is your sister (　) TV now?

A） watch　　B） watches　　C） watching　　D） watched

(3) Meg works at school. She is (　).

A） a taxi driver　　B） a pilot　　C） a teacher　　D） a student

(4) (　) is the ticket?　— It's 1,500 yen.

A） How much　　B） When　　C） Where　　D） What

(5) Last year, I (　) to London with my family.

A） had　　B） traveled　　C） read　　D） spoke

6 次の日本文の意味を表すように①～④を並べかえ、（　　）の中で２番目と４番目にくるものを番号で答えなさい。ただし、（　　）の中では、文のはじめにくる語（句）も小文字になっています。

(1) 白いのと青いの、どちらがあなたの筆箱ですか。
(① your ② is ③ pencil case ④ which), the white one or the blue one?

(2) それは、わたしの友人からのプレゼントです。
(① present ② it's ③ from ④ a) my friend.

(3) 彼女は泳ぐのが得意です。
She (① swimming ② at ③ good ④ is).

(4) 今日の天気はどうですか。
(① the ② is ③ how ④ weather) today?

(5) 机の上に本があります。
There (① a ② on ③ is ④ book) the desk.

【筆記問題】

4 次の二人の会話が成立するように（　　）内に入る最も適切なものを A, B, C, D の中から一つ選び、記号で答えなさい。

(1) Girl : When is your birthday?
Boy : (　)

A) It's rainy.　　B) It's cold.
C) It's on October 18th.　　D) It's good.

(2) Girl : Today is Tuesday.
Boy : Yes. Tomorrow is (　)

A) Wednesday.　　B) Thursday.
C) Friday.　　D) Saturday.

(3) Teacher : Please open the window, Lucy. (　)
Girl : OK, Mr. Tanaka.

A) I'm fine, thank you.　　B) I speak English.
C) I go there by bus.　　D) It's hot.

(4) Boy : Is your mother a doctor?
Girl : No, she isn't. (　)

A) She is kind.　　B) She is a pianist.
C) She is in the kitchen.　　D) She is happy.

(5) Boy : (　)
Girl : I like blue.

A) What color do you like?　　B) What language do you want to study?
C) Where do you live?　　D) Where do you want to go?

2 英文と質問を聞き、その答えとして最も適切なものをA, B, C, Dの中から一つ選び、記号で答えなさい。英文と質問は2度放送されます。

No. 1
A) He met his friend.
B) He started walking.
C) He read a book.
D) He overslept.

No. 2
A) 250 yen.
B) 750 yen.
C) 1,250 yen.
D) 1,750 yen.

No. 3
A) He likes ball games.
B) He likes playing cards.
C) He likes fishing.
D) He is in the baseball club.

3 英文を聞き、①～④の空所に入る語を書きとりなさい。英文は2度放送されます。

This winter, I will go to Hokkaido. (①) friend, Emily, lives there. She is 11 years (②), and has two brothers. They (③) always kind to me. Their hobby is making sweets, so we will make a cake (④) Sunday.

リスニング問題は以上です。続いて、筆記問題に入ってください。

【リスニング問題】　　　　　　　　　　　　　　　　　　　　　　　※音声と放送原稿非公表

1　次の No.1～No.5 の英文を聞いて、その内容を最もよく表しているイラストをア～ウの中から一つ選び、記号で答えなさい。英文はそれぞれ2度放送されます。

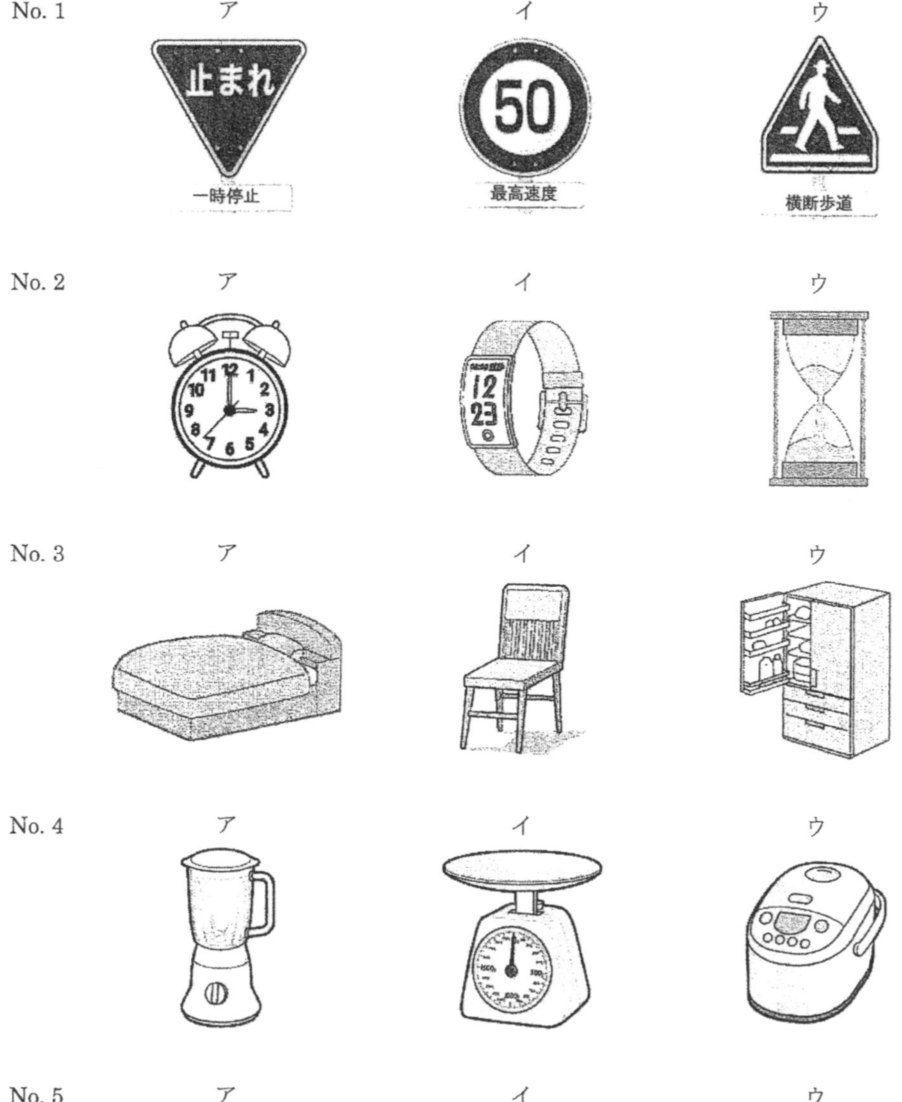

HIROSHIMA　　HOKKAIDO　　OKINAWA

如水館中学校

令和６年度入学試験

英　　語

(50分)

注　　意

1　試験開始のチャイムが鳴るまで開いてはいけません。
2　問題用紙は８ページあり、問題は[1]から[8]まであります。これとは別に解答用紙が１枚あります。
3　解答用紙には受験番号を書きなさい。
4　答えはすべて解答用紙に記入しなさい。

3 次の問いに答えなさい。ただし、必要であれば円周率は３．１４を用いなさい。

（１） 右の図は、さいころの展開図です。さいころは、向かいあう面の目の和がすべて７になるようにできています。このとき、図の①と②の面の目の和から③の面の目を引くといくつになりますか。

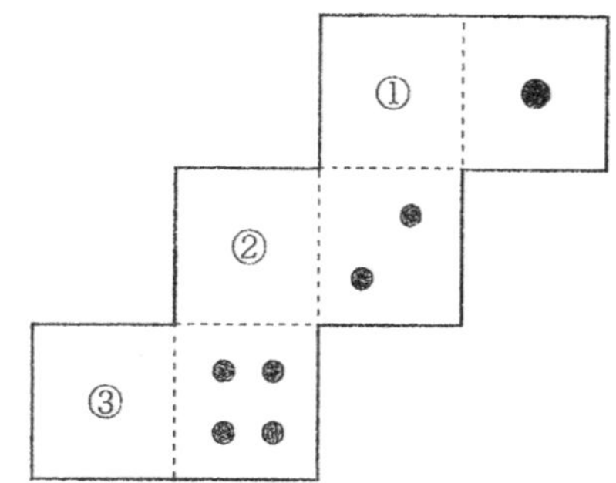

（２） 下の図は、円柱を４等分してできた立体の展開図です。次の問いに答えなさい。

① ㋐の長さを求めなさい。

② この立体の体積を求めなさい。

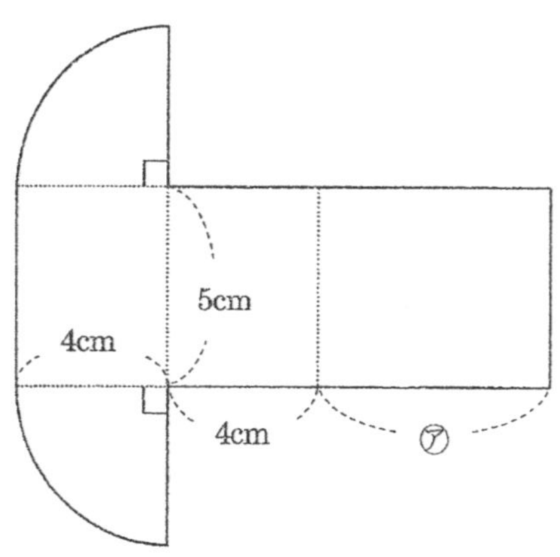

（３） 右の図において、四角形ＢＣＤＥは正方形です。ＡＥとＥＤの長さが等しいとき、㋐の角度を求めなさい。

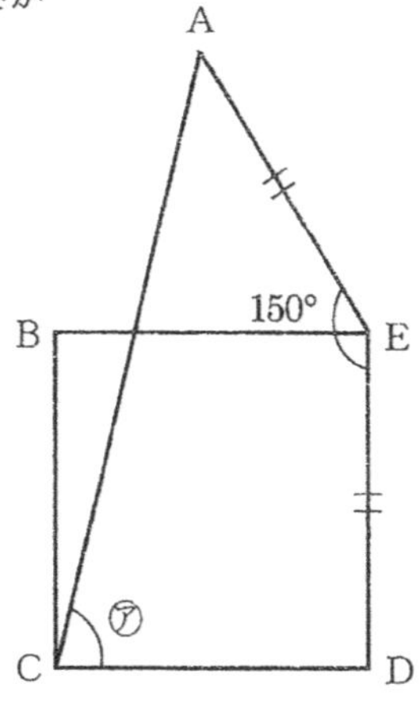

2 次の問いに答えなさい。

（1） ５００００ｃｍは何ｋｍですか。

（2） ６８と１０２の最大公約数を求めなさい。

（3） 次の□には同じ整数が入ります。□にあてはまる数を答えなさい。

（□×１４－□×３）＝８８

（4） ２８の約数をすべてたすといくつになりますか。

（5） 1，2，3の3つの整数をすべてならべてできる3けたの整数の中で、一番大きな偶数（ぐうすう）から一番小さな奇数（きすう）を引いた数を求めなさい。

（6） 兄と弟の所持金の比は３：１です。兄が弟に６００円を渡したところ、残った所持金の比は５：３になりました。兄のはじめの所持金は何円ですか。

（7） ５００円硬貨（こうか）が1枚と、１００円硬貨が３枚あります。これらを３人が必ず１００円以上もらえるように分けるとき、分け方は何通りありますか。

1 次の計算をしなさい。

（1） $341-55+29$

（2） $7788\div12\div11$

（3） $228-28\times5$

（4） $4.4\times2.5-6.8\div0.8$

（5） $\left(\frac{3}{2}-\frac{1}{4}\right)\div1.25$

（6） $2024\times0.4\times0.2\times25\times50$

如水館中学校

令和６年度入学試験

算　数

（50分）

注　意

1　試験開始のチャイムが鳴るまで開いてはいけません。
2　問題用紙は６ページあり、問題は[1]から[6]まであります。これとは別に解答用紙が１枚あります。
3　解答用紙には受験番号のみを書きなさい。
4　答えはすべて解答用紙に記入しなさい。

二 次の文章を読んで、後の問いに答えなさい。

みなさんに目指してもらいたいのは、「鋼」のようなメンタルではなく、「柳」のようにしなやかに立ち直れるメンタルだ、と言いました。

鋼は硬くて強い。傷つくことない強靭な精神力のたとえとして、イメージしやすいです。でも、鋼ってじつは①想定外の衝撃に弱いんですよ。

素材として硬さが増すと、強度は上がりますが、反面、ねばり強さ(靭性)が失われるので、限界を超える強い負荷がかかると、折れてしまうのです。

（　A　）、建造物をつくる際には、②用途に応じて鋼材の硬さを調節したり(強度を抑えると、しなやかさが出て折れにくくなる)、環境のなかで起きるさまざまな衝撃に対応できるように、柔軟性のある構造にしたりしているのです。

Ⅰ

素材としての強度だけ強くても、本当の強さにはならない、ということです。

Ⅱ

地震も起きれば台風も来る、そんな自然環境における不測の事態にも対応できるようにするには、硬さとしなやかさのバランス③配分が大事。

【　B　】が不可欠なのです。

Ⅲ

心を強くすることだけを意識しすぎると、「揺るがぬ強さ」をもつことがいいような気がしてしまいます。（　C　）、揺るがないことは、想定外のことが起きたときに対応できないので、折れたり倒れたりする原因になります。

Ⅳ

どんな状況であってもグーッとしなりながら受けとめるような強さ、大きく揺れても折れずに戻れる強さこそが大切なのです。

心をもとに戻す力を「復元力、レジリエンス」ともいいます。

固い信念をもつこと自体は、もちろん悪いことではありません。しかし、ぼくらをとりまく状況は、つねに変動しています。いろいろなことが変わっている。それが世の中です。

状況が変われば、考え方もそれに応じて変えていかなくてはならない。

「信念を貫く」と言うと、とても聞こえがいいですが、言い換えれば「頑として考え方を変えない」ということになります。ただひとつの考え方だけにこだわりつづけるのは、頑固なだけです。

自分のなかの「知」をアップデートし、「情」に感知力をとぎすませ、いま何を「意」としていくのがいいのか、揺れ動くなかで考えつづけ、自分を立て直していく。

自分のバランスのくずれを、3本柱でしっかり安定させるように立て直す。それができるためには、柔軟でなければいけないのです。

ときどき、メンタルの強さを称賛するのではなくちょっと【　D　】した感じで、

「あの人は鋼メンタルだから……」

というような言葉を耳にすることがあります。

何があっても動じないマイペースさが、人を無視した鈍感さや図々しさとしてあらわれていることを指しているんだと思います。

それは、④<u>きみたちが目指すべき強さ</u>ではありません。

（『本当の「心の強さ」ってなんだろう？』　齋藤孝）

問一　ぼう線部①「想定外の衝撃」とほぼ同じ意味の表現を、本文中から五字でぬき出して書きなさい。

問二　空らん（　A　）・（　C　）に当てはまる語として適切なものを次の中からそれぞれ選び、記号で答えなさい。

ア　そして　　イ　つまり　　ウ　たとえば　　エ　ですから　　オ　けれども

問三　空らん【　B　】に入る語句として適切なものを、本文中から三字でぬき出して書きなさい。

問四　この文章からは次の一文が抜けています。Ⅰ～Ⅳのどこに入れたらよいか答えなさい。

人間も同じです。

問五　空らん【　D　】に入る語として最も適切なものを次の中から選び、記号で答えなさい。

ア　うっとり　　イ　うんざり　　ウ　しっかり　　エ　のんびり

問六　ぼう線部②「用途」、③「配分」の意味として最も適切なものを次の中からそれぞれ選び、記号で答えなさい。

②「用途」　ア　状態　　イ　必要　　ウ　判断　　エ　使いみち

③「配分」　ア　間隔　　イ　考りょ　　ウ　慣れ　　エ　割り当て

問七　ぼう線部④「きみたちが目指すべき強さ」とありますが、これを次のように説明します。空らんに当てはまる語を、指定した文字数で本文中からそれぞれぬき出して書きなさい。

（a　一字　）のように、どんな状況にも（b　二字　）できる（c　五字　）のある強さ。

三 次の傍線部を漢字で書くとき、適切なほうを選び、記号で答えなさい。

① 成せきが伸びる。　ア 積　イ 績

② 体力が回ふくする。　ア 複　イ 復

③ 組しきをつくる。　ア 織　イ 識

④ 思わぬじゅ賞に喜ぶ。　ア 受　イ 授

⑤ 正ぎの味方。　ア 義　イ 議

四 次の傍線部を漢字で書くとき、適切なものを選び、記号で答えなさい。

① 仲間からの信頼があつい。　ア 厚　イ 熱　ウ 暑

② 勝利をおさめる。　ア 修　イ 収　ウ 納

③ 心のあたたまる話。　ア 温　イ 暖

④ 期待にこたえる。　ア 応　イ 答

⑤ 間違いをなおす。　ア 治　イ 直

五 次の①〜④は似た意味のことばを、⑤は反対の意味のことばを選び、記号で答えなさい（無関係な選択しが一つあります）。

① 善は急げ

② 百聞は一見にしかず

③ 一を聞いて十を知る

④ 石橋をたたいてわたる

⑤ 人を見たらどろぼうと思え

ア 念には念を入れる　イ 思いたったが吉日　ウ 目から鼻へぬける

エ 渡る世間に鬼はない　オ 論よりしょうこ　カ 情けは人のためならず

如水館中学校

令和５年度入学試験

国　　語

（50分）

注　　　意

1　試験開始のチャイムが鳴るまで開いてはいけません。
2　問題用紙は 10 ページあり，問題は一から五まであります。これとは別に解答用紙が１枚あります。
3　解答用紙には受験番号のみを書きなさい。
4　答えはすべて解答用紙に記入しなさい。
5　字数制限のあるものについては、原則として「、」や「。」も一字に数えます(指示のあるものは除く)。

一　次の文章を読んで、後の問いに答えなさい。

父親と息子は、もう五時間も将棋をさしている。
ガラス戸を開け放ったベランダから、夕方のぬるい風が入ってきている。
「そろそろ晩御飯どきだな」
「今夜はインスタントラーメンでなくて、まともな御飯つくってよ、お父さん」
「ラーメンなら毎日でもいいって言ったのは、お前だぞ。……その銀は待った」
「待ったはなしっていう約束だよ」
二人は上半身裸で向かい合っている。小学六年生の息子のほうが、①だいぶ形勢がいい。
「お前、昨日も今日も勉強してないな」
「せっかく勉強しようとしてたのを、将棋しないかって誘ったのは、お父さんだよ」
「お母さんがいたら、②こうはいかないな」
「うん、とっくに叱られてるよね」
息子が妙に嬉しそうな声を出したので、父親は憮然として*盤面を睨んだ。③追い討ちをかけるように息子が言った。
「いつ帰ってくるんだろうね。……金曜日からだから、今日で三日になるけど」
「当分帰れないだろ、お祖母ちゃんの具合が悪そうだから。……おい、王手だぞ」
息子が難なく王手をかわしたので、父親は渋い表情になった。――息子のほうが、父親より数段④腕が上がっている。
「電話してみようか?」
「ばかだな、電話なんかしたら、お祖母ちゃんが余計な気を遣ってしまうだろ」

「そうか。帰ってきてくれって言ってるみたいだものね」
「お母さんがいなくて淋しいのか?」
「まさか、……そうじゃないけど」
「お祖母ちゃんが治るまで、ゆっくり看病させてやろうぜ。……な?」
「うん、そうしようね。……さあ、今度は、ぼくのほうが王手だよ」
「なんの、お前に負けてなるものか」
「もう四番も連敗してるくせに」
急に湿った風が入ってきたので、父子はベランダの外へ目を向けた。いつの間にか上空に黒い雲が渦巻いていた。
「夕立が来そうだな。……しめしめ」
「どうして、しめしめなの?」
「夕立のあとに、よくツキが替わって逆転するじゃないか、野球でもサッカーでも」
ベランダに大粒の雨が落ちた。急いでガラス戸を閉めた途端に、激しく降りだした。
「ツキじゃなくて、実力だと思うけど」
「静かに。……いま考えてるんだから」
雨音のなかに、玄関のチャイムがかすかに聞こえた。父親が、盤面を睨んだまま言った。
「おい、出てくれ。……何かの集金だろ」
息子がしぶしぶ玄関に出てみると、ドアの向こうにずぶ濡れの母親が立っていた。⑤<u>息子は大慌てで父親に告げた</u>。しかし、わずかに遅かった。濡れたまま奥に入ってきた母親の目付きが、さっそく険しくなった。
「あら、お父さんと二人で将棋なんかやってたの、……お勉強を放り出して?」

「いや、……一番だけだよ、息抜きに」
父親が、へどもどして答えた。息子も縮み上がって、ベランダの外へ目を逸らした。
「わたしが留守をすると、すぐこうなんだから。受験まで、あと半年しかないのよ」
「……はい」
声をそろえて返事をした（　⑥　）は、降りしきる夕立を眺めながら、そっと囁き交わした。
「やっぱり、ツキが替わっちまったね」

（『夕立』　内海隆一郎）

＊盤面……将棋の盤の表面。

問一　ぼう線部①「だいぶ形勢がいい」とあるが、この内容として適切なものを次の中から一つ選び、記号で答えなさい。
ア　将棋を五時間も続けているが、父親より息子の方が精神的に余力があるということ。
イ　親子で上半身裸になっているが、息子の方がたくましい体つきであるということ。
ウ　親子で将棋をさしているが、息子の方が有利にたたかいを進めているということ。
エ　即席の晩御飯しかつくらない父親に対し、息子の方が強気に意見しているということ。

問二　ぼう線部②「こう」（二か所）が指す内容を、本文中の言葉を使って「〜のに、〜こと。」という形で答えなさい。

問三　ぼう線部③「追い討ちをかける」と表現されている理由として、適切なものを次の中から一つ選び、記号で答えなさい。
ア　将棋を始めたのが父親のせいだと息子が言ったうえに、母親に早く帰ってきてほしいような発言を息子がしてきたから。

イ　息子が母親の話題で妙に嬉しそうな声を出したうえに、病気の祖母への配慮が欠けたような発言を息子がしてきたから。
ウ　将棋を始めたのが父親のせいだと息子が言ったうえに、病気の祖母への配慮が欠けたような発言を息子がしてきたから。
エ　息子が母親の話題で妙に嬉しそうな声を出したうえに、母親に早く帰ってきてほしいような発言を息子がしてきたから。

問四　ぼう線部④「腕」と同じ内容をあらわしている言葉を、本文中から二字でぬき出して答えなさい。

問五　ぼう線部⑤「息子は大慌てで父親に告げた」とあるが、このようにした目的を答えなさい。

問六　空らん（　⑥　）に入る言葉を、「二人」以外に、本文中から二字でぬき出して答えなさい。

問七　最後の一文が表現していることとして、最も適切なものを次の中から選び、記号で答えなさい。
ア　これまで具合の悪かった祖母だったが、夕立が降り始めると、祖母の具合が良くなって母親の看病が終わったということ。
イ　父親が先に王手をかけて息子を追いつめたが、夕立が降り始めると、今度は息子が逆王手をかけて父親を追いつめたということ。
ウ　母親が家を空けて淋しく思っていたが、夕立が降り始めると、母親が戻ったと同時に家庭内の活気も戻ってきたということ。
エ　三日間父親と息子で気ままに過ごしていたが、夕立が降り始めると、母親が帰ったことで二人の気ままな生活が終わったということ。
オ　父親より息子の方が優位な立場にあったが、夕立が降り始めると、息子より母親の方が優位な立場になったということ。

二 次の文章を読んで、後の問いに答えなさい（1〜12は、段落番号をあらわしています）。

1 ＊モノトーンの冬景色の中、マンリョウの赤い実が①ひときわ鮮やかだ。

2 マンリョウは暖地の林に生えるサクラソウ科の常緑低木。実は冬に真っ赤に熟し、ナンテンやセンリョウとともに正月の飾り花に使われる。名も、実の美しさを万両の価値と讃えたもの。江戸時代には盆栽づくりが流行し、白実、黄実、斑入り葉など数々の園芸品種もつくられた。

（中略）

3 晩秋から冬にかけては、ほかにも赤い実の植物が目につく。アオキ、ピラカンサ、イイギリ、モチノキ、ソヨゴなど、例をあげればきりがない。植物の実がそろって赤い衣装をまとうからには、なにか意味があるに違いない。

4 人の目から見たときに、自然界で赤い実が目立つ②のは、第一に、赤が葉の色である緑の＊補色にあたるためである。補色同士の組み合わせは鮮明なコントラストを生み出す。クリスマスカラーが鮮やかな理由だ。

5 もうひとつの理由は、ヒトを含めて霊長類の目に赤い光の刺激を受容する細胞が多いためだ。同じ哺乳類でもウシやイヌに赤い色はほとんど見えていない。

6 人間と色覚がよく似ているのが鳥類で、③赤い色は鳥の目にも鮮やかに映る。その証拠に、鳥を誘って花粉を運ばせる花、［A］ツバキやサルビアは赤い色で存在をアピールする。

7 ＊托卵鳥であるカッコウの雛の口の中は真っ赤だが、これも仮親にエサを与えたいという衝動をより強く煽り立てる「超正常な信号刺激」となっている。赤い実の色も、植物が鳥に向けて発した「信号」なのである。植物は種子を果肉に包むと赤い色で飾り、ヒヨドリやツグミ、メジロなど、木の実を好んで食べる小鳥たちに向けて「私はここよ。さあ食べて！」と誘っているのだ。

8 小鳥が飲み込みやすいように、実は一口サイズの丸く滑らかな形状で、大切な種子を柔らかな果肉で包んでいる。種子は硬い種皮に守られて消化管を通過し、そのまま排泄されることになる。こうして種子は鳥の行く先々に落とされて芽を出すというわけだ。糞に含まれる栄養も芽生えのよい肥料になる。

2023(R5) 如水館中
K 教英出版

6 Ａ，Ｂ，Ｃ，Ｄの４人が５０ｍ走をして，はやい順に並んだところ，その順位について，以下のことがわかりました。

①Ｃの次がＡである。
②Ｂは２位か３位である。
③Ｄよりはやい人は２人以上いる。

同じ順位の人はいないものとして，次の問いに答えなさい。

（１） １位から４位までを左から順に並べなさい。

（２） 次に，Ｅを加えた５人で１００ｍ走をし，同じようにはやい順に並んだところ，以下のことがわかりました。

①Ｄの順位はＥよりも上であり，Ｃの順位はＢよりも上である。
②Ａの順位はＤよりも上であるが，１位ではない。

このとき，必ず正しいと言えることがあります。このことについて，下の文章の あ にはＡ～Ｅのアルファベットを，い には数字をそれぞれ答えなさい。

「 あ は い 位である。」

問題は以上です

5 次の数の列は，ある規則にしたがってならんでいます。

$$\frac{1}{2}, \frac{1}{4}, \frac{3}{4}, \frac{1}{8}, \frac{3}{8}, \frac{5}{8}, \frac{7}{8}, \frac{1}{16}, \frac{3}{16}, \frac{5}{16}, \frac{7}{16}, \cdots \frac{15}{16}, \frac{1}{32}, \frac{3}{32}, \frac{5}{32}, \cdots\cdots$$

この数の列について，次の問いに答えなさい。

（１）　はじめから数えて１３番目の数は何ですか。

（２）　$\frac{3}{64}$ が出てくるのは，はじめから数えて何番目ですか。

（３）　出てくる数をはじめから順にたしていきます。その和が８となるのは，はじめから何番目の数までたしたときですか。

4 ひろとさん，ゆうまさん，さくらさんの３人の所持金の比は，最初，５：４：３でしたが，ひろとさんがさくらさんに５００円をわたし，ゆうまさんもさくらさんに何円かわたしたところ，その比は１０：９：９になりました。このとき，次の問いに答えなさい。

（１）　５００円は，３人の所持金の合計の何分のいくつですか。

（２）　ひろとさんの最初の所持金は何円ですか。

（３）　ゆうまさんはさくらさんに何円わたしましたか。

2023(R5) 如水館中
K 教英出版

2023(R5) 如水館中
K 教英出版

(1) When will the cultural event be held?

1. In January.
2. In February.
3. In March.
4. In April.

(2) What will Tomoko's class do?

1. Make a poster.
2. Sing a song.
3. Perform a play.
4. Go on a trip to Hiroshima.

(3) Who will design the poster?

1. Kate.
2. Tomoko.
3. Their teacher.
4. Kate and Tomoko.

(4) What subject does Kate's teacher teach?

1. Music.
2. English.
3. Performance.
4. Art.

(5) What are Kate and Tomoko going to do tomorrow?

1. Go to see their teacher.
2. Make a poster.
3. Meet at lunch time.
4. Practice for the play.

8 次のメールの内容について、(1)～(5)の問いに対する答えとして最も適切なものを 1, 2, 3, 4 の中から一つ選び、番号で答えなさい。

From: Tomoko Saito
To: Kate Green
Date: January 2, 2023 11:00
Subject: About Cultural Event

Hello Kate,

We're going to have a cultural event next month. So, I started to practice singing on the stage with my classmates. How's it going with your class, 1B?

I have a good idea. Why don't we make a big poster and display it on a wall of the gym? Since the theme of this event is "Friendship", I want to show our memories together on it. Then, I have something to ask you. I'm hoping you will design it. Can you do it?

Bye,

Tomoko

From: Kate Green
To: Tomoko Saito
Date: January 2, 2023 20:10
Subject: Re: About Cultural Event

Hi Tomoko,

How interesting! OK! I'm happy to design it. How about showing the school trip to Hiroshima? We visited the Peace Memorial Museum and learned a lot of things. That was a very *memorable time.

To make the poster, we need brushes and paints. I'm going to ask my teacher. She is an art teacher. My class is practicing for the play, *The Three Little Pigs*. The cultural event will be exciting.

Let's meet and talk about it at lunch time tomorrow.

Yours,

Kate

*memorable: 記憶に残る、忘れられない

(1) What does the price of this trip include?

1. Meals.
2. Taxi fare.
3. A baby sitter.
4. A life jacket.

(2) If you want to use a large boat from 10:00 to 17:00, how much will it cost?

1. $ 70.
2. $ 100.
3. $ 120.
4. $ 200.

(3) What can you borrow for free?

1. A boat.
2. A fishing rod.
3. A mask.
4. A tent.

(4) What should you do during the trip?

1. Fish by the beach.
2. Make *sashimi*.
3. Wear a mask.
4. Ride on a boat.

2023(R5) 如水館中
K 教英出版

5 次の対話文を読んで，あとの問いに答えなさい。

太郎：「今日の理科の時間は，生命の誕生について授業をしたね！」
花子：「そうだね！」
花子：「ヒトは，女性の体内でつくられた（ア）と男性の体内でつくられた（イ）が結びつく（ウ）ということが行われるんだったよね？」
太郎：「そうそう！（ウ）が起こると生命が誕生して，成長を始めるんだよね。」
花子：「そうだね！」
太郎：「その後，子宮の中でどんどん成長して，およそ（エ）週になると母親から生まれてくるんだ！」
花子：「こうして私たちも生まれてきたんだね！」
太郎：「そうさ！みな一人ひとりが，こうして生まれてきた，かけがえのない存在なんだよ！」
花子：「そうだよね。命の大切さが改めて分かったよ！」

問1 上の対話文中の（ア）～（エ）に適する語や数字を答えなさい。
問2 下線部について，以下の図は子どもが母親の子宮の中にいるときのようすについて表したものです。

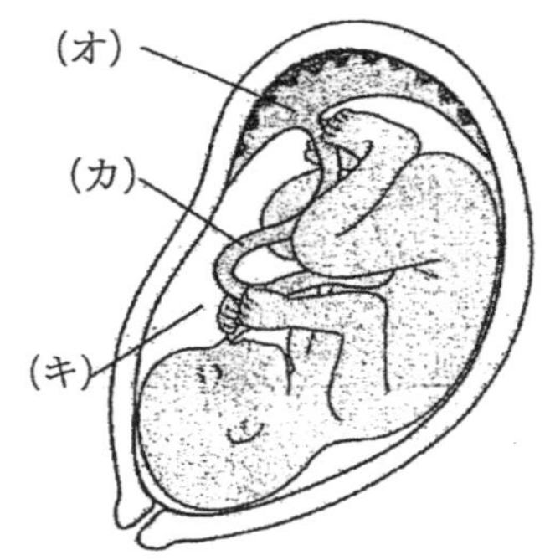

(1)（オ）～（キ）に適する語を答えなさい。
(2)（オ）～（キ）は，それぞれどのようなはたらきをしていますか。以下の①～③から選び，数字で答えなさい。
① 母親から養分などを取り入れ，いらなくなった物を返す通り道である。
② 液体で，外部からの力をやわらげ，子どもを守るはたらきをしている。
③ 子宮のかべにあり，母親から運ばれてきた養分と子どもから運ばれてきたいらなくなった物を交かんする。

4 次の器官①～⑥はヒトのからだの器官について説明したものです。次の問いに答えなさい。

器官①：筋肉からできている管であり，内側には多くのひだがあり，さらにひだの表面には長さ1mmのとっ起が多数ある。 器官②：にぎりこぶしくらいの大きさで，厚い筋肉からできている。内部はいくつかの部屋に区切られている。 器官③：小さなふくろがたくさん集まってできており，小さなふくろのまわりに細い血管がとりまいている。 器官④：体内で一番大きな臓器であり，物質の貯蔵やたんじゅうの生成場所でもある。 器官⑤：筋肉でできている長さ約1.5mの管で体の外に通じている。 器官⑥：筋肉からできているふくろで，内側には大きなひだがたくさんならび，酸性の消化液を出す。

問1　口から入った食べ物は，いくつかの消化器官を通って消化されます。

【　】に当てはまる消化器官を，器官①～⑥から3つ選び，順に番号を並べて答えなさい。

口→【　　　→　　　→　　　】→こう門

問2　器官②および器官③について以下の実験を行いました。器官③はヒトでは主に呼吸の働きを行っています。下の表はヒトが呼吸をするときの，吸う空気とはき出す空気にふくまれる気体の割合を示しています。

	吸う空気	はき出す空気
酸素	20.0%	18.0%
二酸化炭素	0.1%	4.1%
（ウ）	78.0%	78.0%

下の表は，運動前後での呼吸の回数や脈はくの回数を示しています。

	1分間の呼吸	1分間の脈はく
運動前	20回	80回
運動直後	50回	120回

1回の呼吸で500mLの気体が出入りするとして次の問いに答えなさい。ただし，答えが割り切れない場合は，小数第2位を四捨五入して小数第1位まで答えなさい。

(1) 表について，（ウ）の気体は大気中に78%存在する気体です。（ウ）の気体の名前を答えなさい。

(2) 運動前の1分間に体内で使用された酸素の量は何mLか答えなさい。

(3) 運動直後の1分間で外に出す二酸化炭素の量は何mLか答えなさい。

(4) (2)の酸素がすべて器官②から送られたとすると，運動前の1回の脈はくで，何mLを送ることになるか答えなさい。

3 長さが 100 cmの棒Ⅰと，40cm の棒Ⅱにいろいろなおもりをつけて，【図 1】のようなつり合いを利用したおもちゃをつくりました。次の問いに答えなさい。ただし，棒とひもの重さは考えないものとします。

【図 1】

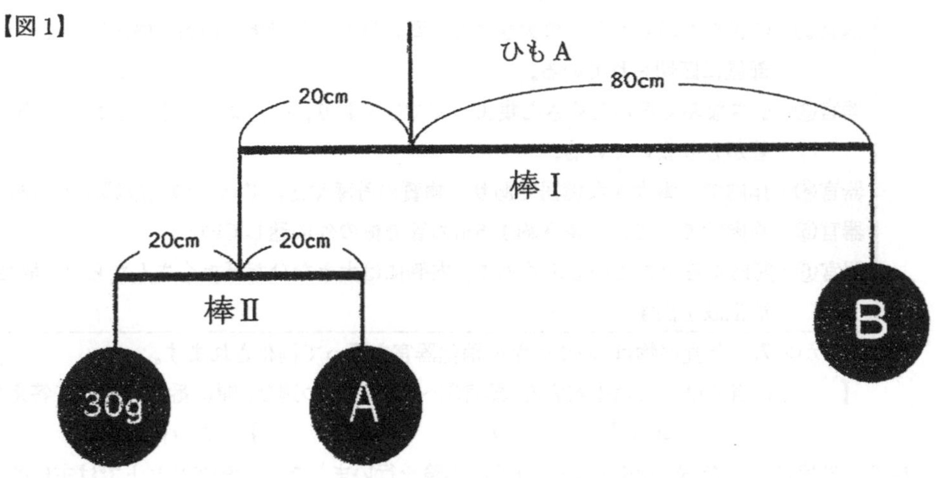

問 1 【図 1】がつりあっているとき，おもりAの重さを答えなさい。

問 2 【図 1】がつりあっているとき，おもりBの重さを答えなさい。

問 3 【図 1】のおもりBを外し，90g のおもりCをおもりBの位置にとりつけたとき，全体が右にかたむきました。このおもちゃを水平にするためには，棒Ⅰの右はしから何 cm の位置にひもAを取り付ければよいかを答えなさい。

問 4 【図 2】は，さまざまな道具を簡単に表したものです。この【図 2】の道具の支点をすべて選び記号で答えなさい。

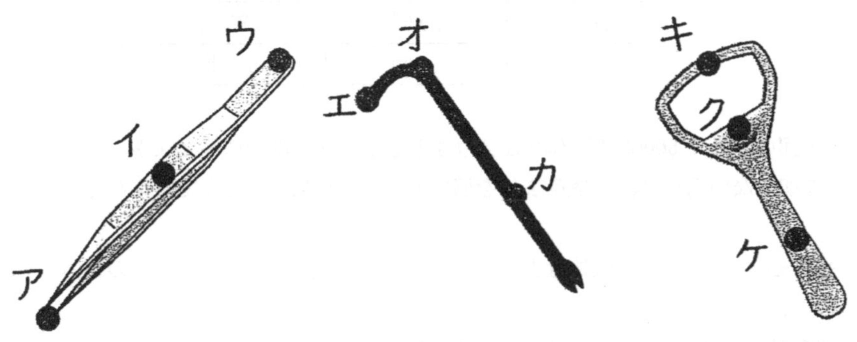

【図 2】

(2)　下線部②について、北海道の面積・人口に当てはまるものを、㋐～㋓の中から選び、記号で答えなさい。
（ ㋐・㋑・㋒・㋓ は、九州・近畿・中部・北海道のいずれかの地域が入ります。）

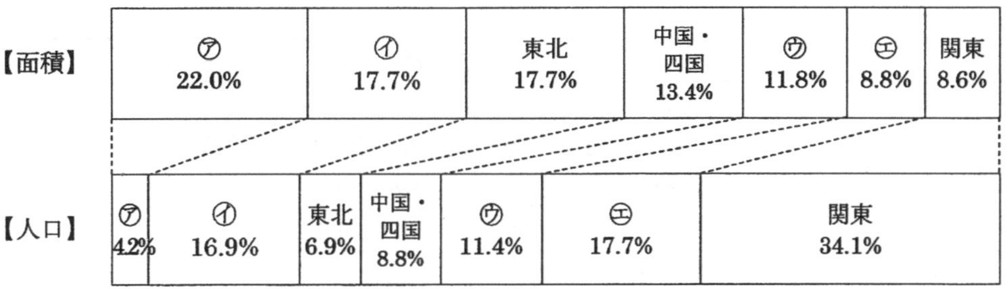

【住民基本台帳・世帯数表　平成31年度版　ほかより作成】

(3)　下線部③について、明治10(1877)年に起こった出来事として正しいものを、㋐～㋓の中から選び、記号で答えなさい。

㋐　西南戦争　　㋑　戊辰(ぼしん)戦争　　㋒　関東大震災(しんさい)　　㋓　二・二六事件

(4)　表中の(　④　)には、外交政策の立案・実施(じっし)、国際機関および国際会議への参加など、対外関係事務を担当する省庁が入ります。その省庁を答えなさい。

(5)　下線部⑤について、現在の地方行政の説明として正しいものを、下の㋐～㋕の中から2つ選び、記号で答えなさい。

㋐　条例の制定や改廃(かいはい)の提案など、住民からの直接の請求(せいきゅう)をうける。
㋑　法律・規則が憲法に違反(いはん)していないかなどを判断する。
㋒　予算については、国会で予算案をつくったあと、内閣で議決する。
㋓　国会に対して連帯して責任を行う。
㋔　衆議院の解散・最高裁判所長官の指名を行う。
㋕　住民登録や各種証明の発行などの住民サービスを行う。

(6)　下線部⑥について、日本文化について、次の㋐～㋓の建築物(最初に立てられた年)を古い順に並びかえなさい。

㋐　法隆寺　　㋑　平等院鳳凰堂　　㋒　姫路城　　㋓　金閣(鹿苑寺)

4 次の表は、明治時代にお雇い外国人として来日した人物についてまとめたものです。表を見て、あとの問いに答えなさい。

人物	業績	国籍
ナウマン	明治8(1875)年に来日。 地質学者。日本全土の地質学的調査を行い、本州を東西に分ける地溝帯を①フォッサ=マグナと命名しました。また、旧象化石を発表し、のちナウマンゾウと名付けられました。	ドイツ
クラーク	明治9(1876)年に来日。 ②北海道の開拓事業を行っていた開拓使の求めにより、札幌農学校初代教頭に就任しました。"Boys, be ambitious."（青年よ、大志を抱け）の名言を残したことは有名です。	アメリカ
コンドル	③明治10(1877)年来日。 明治政府の関係の諸施設の設計を受け持ちました。鹿鳴館などを設計したことで有名です。	イギリス
ロエスレル	明治11(1878)年に（　④　）に招かれ来日。 大日本帝国憲法制定に力を尽くしくました。	ドイツ
モッセ	明治19(1886)年来日。 ドイツの法律家。市制・町村制の原案を作成するなど、⑤地方行政制度の創設に力を尽くしました。	ドイツ
ラフカディオ=ハーン	明治23(1890)年来日。 ギリシャに生まれ、明治29(1896)年に帰化して小泉八雲と改名しました。⑥日本文化に関心を持ち、『怪談』などの作品を残しています。	イギリス

(1) 下線部①について、フォッサ=マグナは新潟県(糸魚川市)から静岡県までまたがっています。この新潟県と静岡県を説明した文の組み合わせとして正しいものを、㋐～㋓の中から選び、記号で答えなさい。

ⓐ 新潟県の日本海に面した海岸は、リアス式海岸として有名である。
ⓑ 新潟県の信濃川流域の地域は、コメの生産地として有名である。
ⓒ 静岡県と接している県は、愛知県・長野県・山梨県の3県である。
ⓓ 静岡県の西部にある工業都市の浜松は楽器や自動車工業がさかんである。

㋐ ⓐ・ⓒ
㋑ ⓐ・ⓓ
㋒ ⓑ・ⓒ
㋓ ⓑ・ⓓ

(6)　下の文は、下線部Ⓕについて書かれている日本国憲法の一文です。文中の（　Ａ　）・（　Ｂ　）に入る語句の組み合わせとして正しいものを、㋐～㋓の中から選び、記号で答えなさい。

この憲法の改正は、各議院の総議員の（　Ａ　）以上の賛成で、国会がこれを発議し、国民に提案してその承認を経なければならない。この承認には、特別の国民投票又(また)は国会の定める選挙の際行はれる投票において、その（　Ｂ　）の賛成を必要とする。

㋐　（　Ａ　）　５分の１　　　（　Ｂ　）　大多数
㋑　（　Ａ　）　３分の２　　　（　Ｂ　）　大多数
㋒　（　Ａ　）　５分の１　　　（　Ｂ　）　過半数
㋓　（　Ａ　）　３分の２　　　（　Ｂ　）　過半数

(3)　下線部Ⓒの少子化対策について誤っているものを、㋐～㋓の中から選び、記号で答えなさい。

㋐　保育所や幼稚園（ようちえん）などの施設（しせつ）を増やす。
㋑　出産に対して祝い金をだす。
㋒　医療（いりょう）費の自己負担の割合を増やす。
㋓　子どもの医療（いりょう）費の補助をする。

(4)　下線部Ⓓについて、次の表はその年の同じ月の出生数と死亡数をまとめたものです。この表の説明として正しいものを、㋐～㋓の中から選び、記号で答えなさい。

時点	出生数【人】	死亡数【人】
1980年	1,576,889	722,801
1985年	1,431,577	752,283
1990年	1,221,585	820,305
1995年	1,187,064	922,139
2000年	1,190,547	961,653
2005年	1,062,530	1,083,796
2010年	1,071,305	1,197,014
2015年	1,005,721	1,290,510
2020年	840,835	1,372,755

【統計局資料より作成】

㋐　1980年から2020年にかけては、常に出生数が増加している。
㋑　2020年は死亡数が出生数の2倍を超えていた。
㋒　1980年から2020年にかけて常に死亡数が増加している。
㋓　1980年は死亡数が出生数の2倍を超えていた。

(5)　下線部Ⓔについて、日本の自衛隊が参加している国連平和維持（いじ）活動の略称（りゃくしょう）として正しいものを、㋐～㋓の中から選び、記号で答えなさい。

㋐　CIS　　㋑　PKO　　㋒　DAC　　㋓　EPA

3　昨年の７月に行われた参議院議員選挙について、Ａさん・Ｂさん・Ｃさんがそれぞれ注目した点をあげています。これらを見てあとの問いに答えなさい。

Ａさん

私が注目しているのは、物価高対策や経済政策だよ。ロシアのウクライナに対する軍事侵攻でⒶ原油価格が上がり、ガソリンの価格も上がっているよ。それに加えてⒷ円安の影響や世界的な天候不順でさまざまな食品の値段もあがっているよ。これに対しての対策に注目しているよ。

Ｂさん

私が注目しているのはⒸ少子化対策や子育て支援についてだよ。現在日本ではⒹ出生数の減少に加え、子どもの貧困率が高い水準になっているよ。国は子どもたちをどのように守っていくのか。その政策に注目しているよ。

Ｃさん

私が注目しているのは、Ⓔ自衛隊のありかたを含めたⒻ憲法改正の動きだよ。これからの安全保障のありかたもふまえて各政党の考え方に注目しているよ。

(1)　下線部Ⓐについて、原油価格に影響を与える組織として、サウジアラビアやイランなど５カ国の産油国が、欧米の国際石油資本に対抗するために1960年に設立し、原油の供給量を協力して調節し、原油価格の安定を目指すために設立した組織があります。この組織の名称（略称）として正しいものを㋐～㋓の中から選び、記号で答えなさい。

㋐　APEC　　㋑　OPEC　　㋒　CTBT　　㋓　IAEA

(2)　下線部Ⓑについて、円安による影響として**誤っているもの**を、㋐～㋓の中から選び、記号で答えなさい。

㋐　日本国内では輸入品の価格が上がる。
㋑　日本に来る外国人観光客が増える。
㋒　日本国内のガソリン価格があがる。
㋓　日本からの海外旅行が行きやすくなる。

Ⅲ　次の資料 A・B にかかわって、あとの問いに答えなさい。

A

B

(1)　AとBはともに、ある国と日本の外交にかかわる資料をしめしています。A・Bの説明の組み合わせとして正しいものを、㋐～㋓の中から選び、記号で答えなさい。

㋐　A　日清戦争の講和会議で、日本が多額の賠償金を受け取ることが決められた。
　　B　両国によるワールドカップ共同開催を記念し、2002 年、ジャイアントパンダが日本に贈られた。

㋑　A　日清戦争の講和会議で、日本が多額の賠償金を受け取ることが決められた。
　　B　両国の国交正常化を記念し、1972 年、ジャイアントパンダが日本に贈られた。

㋒　A　朝鮮通信使をむかえるにあたり、その接待の場が設けられた。
　　B　両国によるワールドカップ共同開催を記念し、2002 年、ジャイアントパンダが日本に贈られた。

㋓　A　朝鮮通信使をむかえるにあたり、その接待の場が設けられた。
　　B　両国の国交正常化を記念し、1972 年、ジャイアントパンダが日本に贈られた。

(2)　下の（x）～（z）は、Aがしめす外交以降のできごとです。この（x）～（z）を古い順に並べたときに正しいものを、㋐～㋓の中から選び、記号で答えなさい。

（x）　満州事変がおこる
（y）　日本が独立を回復する
（z）　韓国を併合する

㋐　（x）　→　（y）　→　（z）
㋑　（x）　→　（z）　→　（y）
㋒　（z）　→　（x）　→　（y）
㋓　（z）　→　（y）　→　（x）

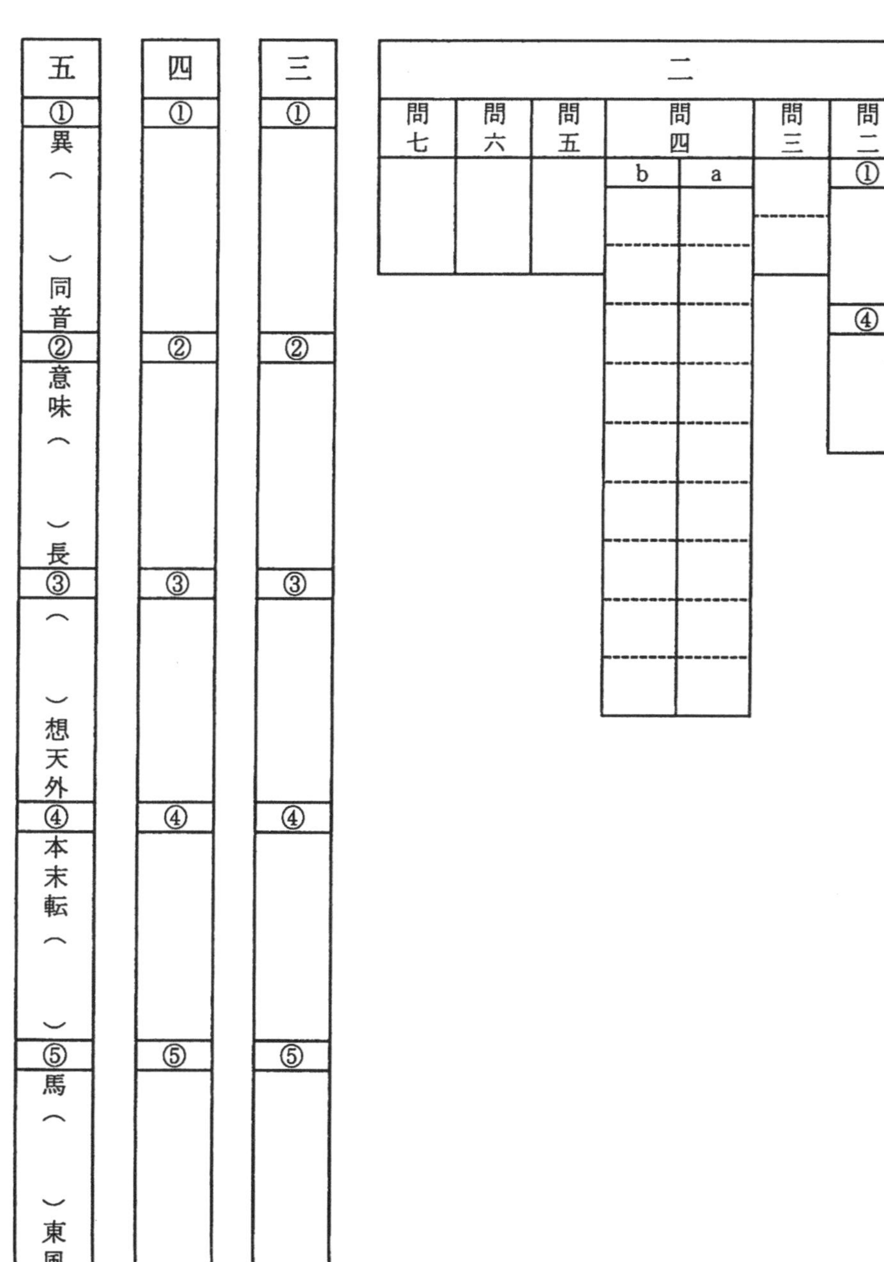

二
問二 ① ④
問三
問四 a b
問五
問六
問七

三 ① ② ③ ④ ⑤

四 ① ② ③ ④ ⑤

五
① 異（　　）同音
② 意味（　　）長
③ （　　）想天外
④ 本末転（　　）
⑤ 馬（　　）東風

如水館中学校　令和５年度　入学試験

※100点満点
（配点非公表）

算数　解答用紙

受験番号	

※単位が必要な場合には必ず単位を記入すること

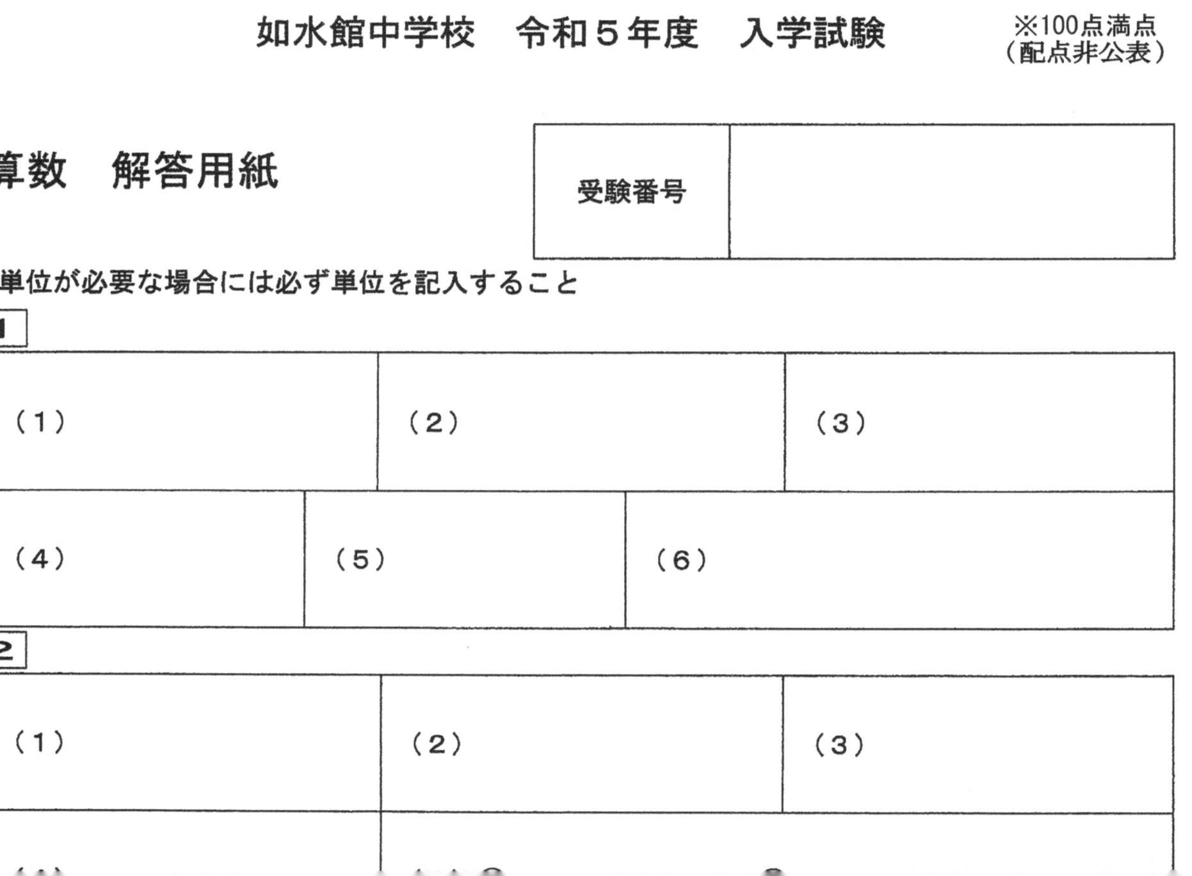

1

（1）	（2）	（3）
（4）	（5）	（6）

2

（1）	（2）	（3）

令和５年度　如水館中学校　入学試験

英語　解答用紙

受験番号	

※100点満点
（配点非公表）

【リスニング問題】

1	No.1		No.2		No.3		No.4		No.5	

2	No.1		No.2		No.3	

3	①		②	
	③		④	

【筆記問題】

令和５年度　如水館中学校　入学試験

※50点満点
（配点非公公表）

理科　解答用紙

受験番号	

1

（ア）	（イ）	（ウ）	（エ）
（オ）	（カ）	（キ）	（ク）
（ケ）	（コ）		

2

（ア）	（イ）	（ウ）
（エ）	（オ）	

3

【解答用

令和５年度　如水館中学校　入学試験

※50点満点
（配点非公表）

社会　解答用紙

受験番号	

1	(1)	(2)	(3)
	(4)	(5)	(6)

2	I	(1)	(2)	
	II	(1)	(2)	(3)

【解答用

6 たかしさんは，しゃぼん玉のでき方について調べようと思い，次のような【実験1】～【実験3】をおこないました。それぞれの実験では，【図1】のように，ストローをたてに使い，いつもほぼ同じ量の石けん液をストローの下の部分にふくませて，上から静かに空気を送り込んでしゃぼん玉をふくらませました。できたしゃぼん玉の大きさは，それぞれの条件で，だんだんふくらんでいって割れる直前の大きさを調べました。また，それぞれの実験で，でき方を比べるために変えてみる条件以外は，すべて同じにしました。

【図1】

【実験1】 まず，石けん液の濃さを変えて，しゃぼん玉のでき方を調べた。実験した日の天気は雨で，まわりの温度は26.5℃だった。その結果をまとめたものが【図2】である。

【実験2】 次に，まわりの温度を変えて，しゃぼん玉のでき方を調べた。この実験には，【実験1】で一番大きなしゃぼん玉ができた濃さの石けん液を使った。その結果をまとめたものが【図3】である。

【図2】石けんの濃さとしゃぼん玉の体積

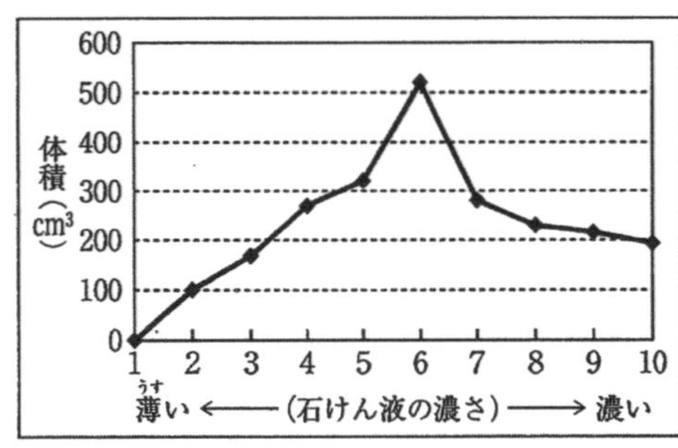

【図3】まわりの温度としゃぼん玉の体積

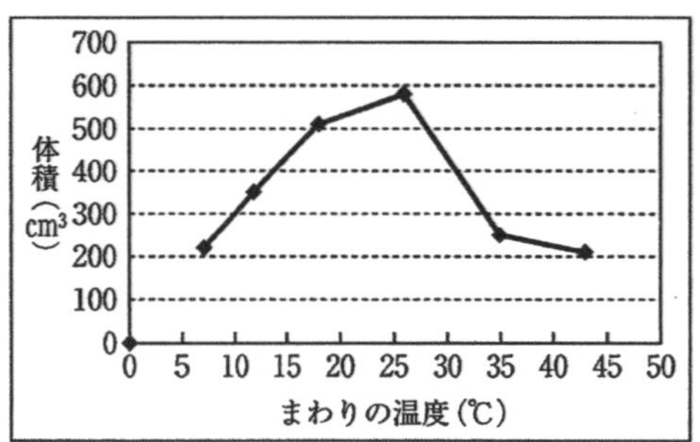

(1) 【実験1】と【実験2】の結果から，石けん液の濃さ，およびまわりの温度としゃぼん玉のでき方の関係について，どのようなことがわかるか書きなさい。

【実験3】 翌日，【実験1】で一番大きなしゃぼん玉ができた濃さの石けん液を使って，しゃぼん玉を作ってみたところ，【実験1】のときほど大きなしゃぼん玉はできなかった。その日の天気は快晴で，まわりの温度は28.1℃だった。そこで，同じ濃さの石けん液を使っても天気によってしゃぼん玉のでき方が変わるのではないかと考え，日を変えて，いろいろな天気の日に同じ濃さの石けん液を使って，しゃぼん玉のでき方を調べた。その結果をまとめたものが【図4】である。なお，まわりの温度は同じである。

【図4】天候としゃぼん玉の体積

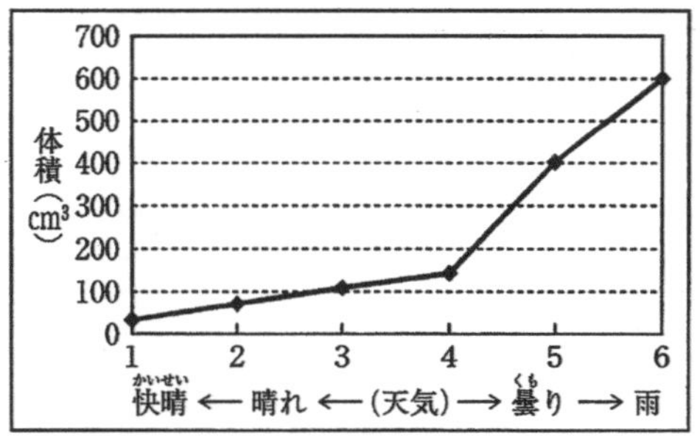

(2) 【実験3】の結果から，しゃぼん玉のでき方は，天気に関係していると考えられます。まわりの空気の乾き具合がどんな状態のとき，大きなしゃぼん玉ができやすいと考えられますか。また，その理由として考えられることは何ですか。まとめて説明しなさい。

5 まことさんは，同じ大きさの立方体を４個用意し，これらの面と面をぴったり合わせて，いろいろな立体をつくりました。回転させたり裏返(うらがえ)しにしたりして同じ形になるものは１種類と考えるとき，そのうちの３種類を【図】のようにかきました。これ以外の３種類を，【解答のかき方の例】にしたがって，解答用紙の図にかきなさい。

【図】

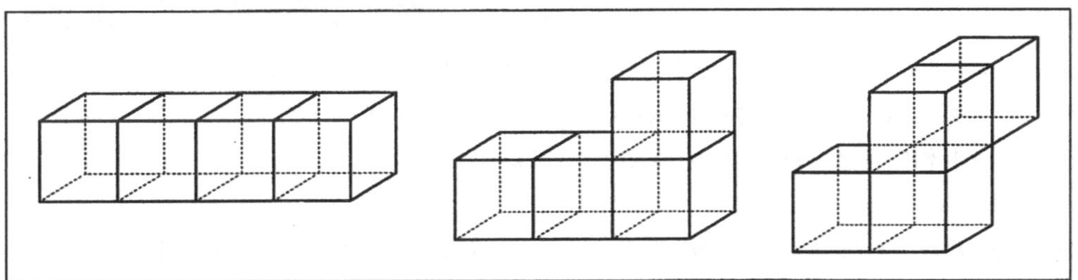

【正しくない例】

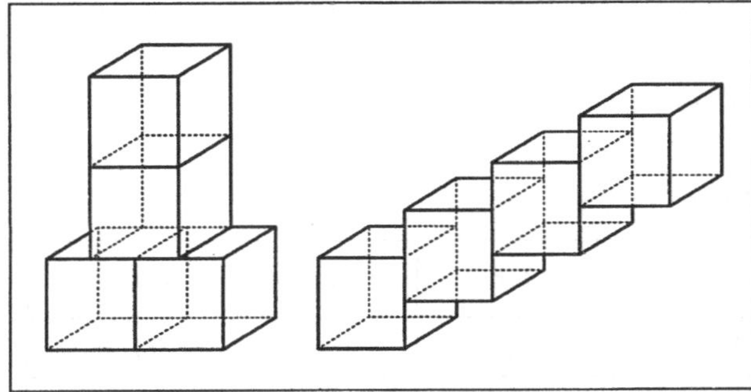

【解答のかき方の例】

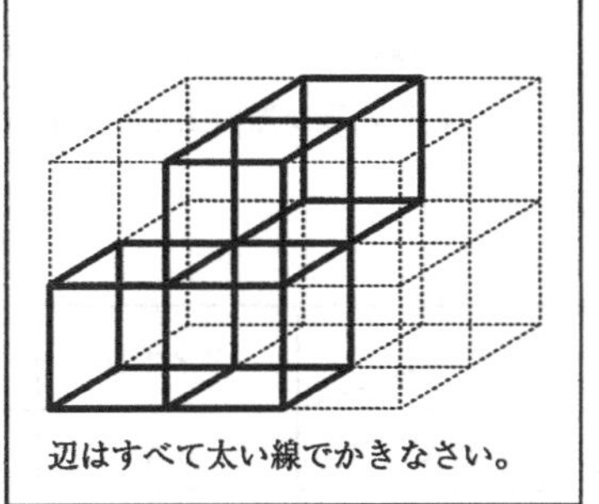

4 ゆうこさんとあすかさんは，スーパーマーケットで買ったタラコ（右の写真）を見て，魚の産卵について話をしています。

ゆうこ：タラコは，スケトウダラの卵が集まったかたまりだって，先生から聞いたことがあるわ。

あすか：この1つぶから稚魚が産まれるのよ。メダカの卵と比べると，1つぶの大きさは小さいけれど，数はずいぶん多いわ。

ゆうこ：メダカの卵は水そうの中に10個くらい見つけたことがあるけれど，タラコには卵のかたまり1本にいったい何つぶくらいあるのかしら。

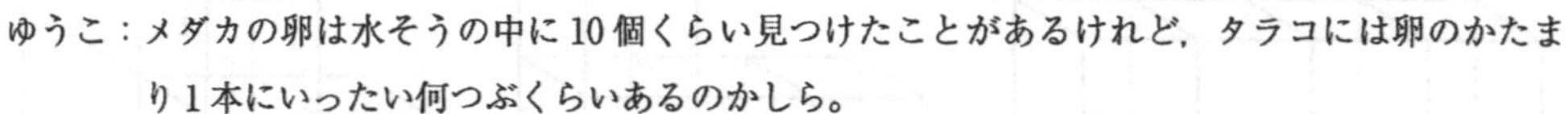

(1) あなたなら，タラコ1本の卵の数を数えるために，どのようにしますか。その方法を，言葉や数，式，図などを使って説明しなさい。

あすか：スケトウダラよりもメダカのほうが小さいのに，卵はメダカのほうが大きいし，数も少ないわね。なぜ，こんなにちがうのかしら。

ゆうこ：いろいろな魚の生む卵の数を調べてみましょう。

【表】 いろいろな魚の産卵数

	マンボウ	ブリ	アイナメ	フナ	トゲウオ
大まかな全長	3 m	80 cm	45 cm	15 cm	10 cm
平均的な生む卵の数	2億～3億	150万	6000	9万	100
卵の特ちょう	海面に浮かぶ	海面に浮かぶ	藻にくっつく	藻にくっつく	藻にくっつく
卵の対する魚の様子	生んだ後何もしない	生んだ後何もしない	周りの生物から卵を守る	生んだ後何もしない	巣を作り，子育てをする

あすか：あれっ。大きい魚ほど卵をたくさん産むかと思ったけれど，体の大きさと産む卵の数にはあまり関係がないみたい。

ゆうこ：そうね。魚によって産む卵の数がこんなにちがうんだね。

あすか：でも，水の中がマンボウやブリばかりにならないのは不思議ね。

ゆうこ：アイナメやトゲウオは，卵の数がこんなに少ないのに絶滅しないのかしら。

(2) トゲウオなどは，少ない卵しか産まないのに絶滅しません。その理由として考えられることを，表から読み取れることをもとにして説明しなさい。

(1) 下線部①に関連して，この結果，日本と外国との貿易は，外国人を「居留地」と呼ばれる一定の土地に住まわせ，そこに日本人商人が訪れて商売をおこなう，「居留地貿易」という方式になりました。この貿易が，長崎における出島での貿易とどのような点で共通し，どのような点で異なっているか，【資料1】，【資料2】を参考にしながら，100字以内で説明しなさい。

【資料1】おもな輸出品である生糸の流通のしくみ

（生 産 地）		（地方都市）		（横　浜）		（横　浜）
養蚕農家	⇨	農家の生糸を買いつける問屋商人	⇨	外国人商人に生糸を売り込む問屋商人	⇨	居留地に居住する外国人商人

【資料2】江戸幕府が外国との貿易への意見表明を求めて各藩に送った文章の一部（1857年）

外国との貿易が始まれば，幕府の利益になることはもちろん，各藩も同じように利益が得られます。具体的には，幕府と各藩の財政難を救うことができます。そのうえ，幕府と各藩の利益を商人たちだけにうばわれないようにできます。

(2) 下線部②に関連して，明治政府にとって関税自主権がなかったことは不満のもとでした。【資料3】は，明治政府が殖産興業を進めた時期の，国産の綿糸と輸入した綿糸の価格の比較です。【資料4】を参考にしながら，なぜこのような価格差が生じたのかを説明した上で，関税自主権がなかったことが，なぜ明治政府の不満のもとになったのか，100字以内で説明しなさい。

【資料3】国産綿糸と輸入綿糸の100斤※あたりの価格

	1874年	1875年	1876年	1877年	1878年
国産綿糸	42.70円	43.54円	40.79円	40.41円	45.00円
輸入綿糸	29.66円	29.94円	27.42円	26.86円	25.46円

※斤…重さの単位　　（現代日本産業発達史研究会『現代日本産業発達史 第11巻』をもとに作成）

【資料4】19世紀後半の日本における紡績業（左の図）と，
ほぼ同じ頃のイギリスにおける紡績業（右の図）のようす

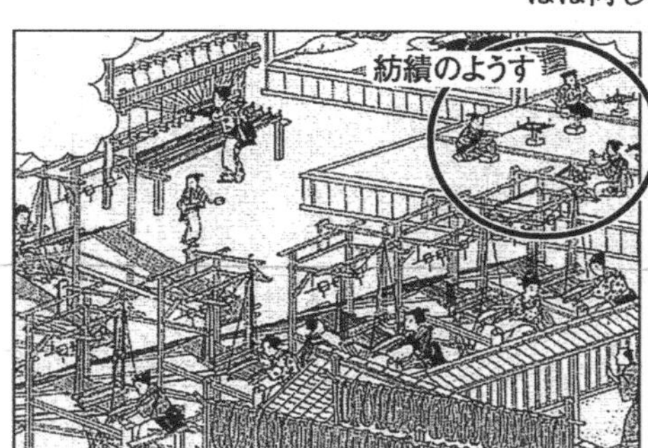

如水館中学校　令和５年度入学試験

※100点満点
（配点非公表）

適性検査Ⅰ 解答用紙（表面）

受験番号	

※ 単位が必要な場合には必ず単位を記入すること。
※ 4, 5, 6 の解答らんは裏面にあります。

1

(1)	答え	
	求め方	
(2)	段目の左から　　　番目	

5

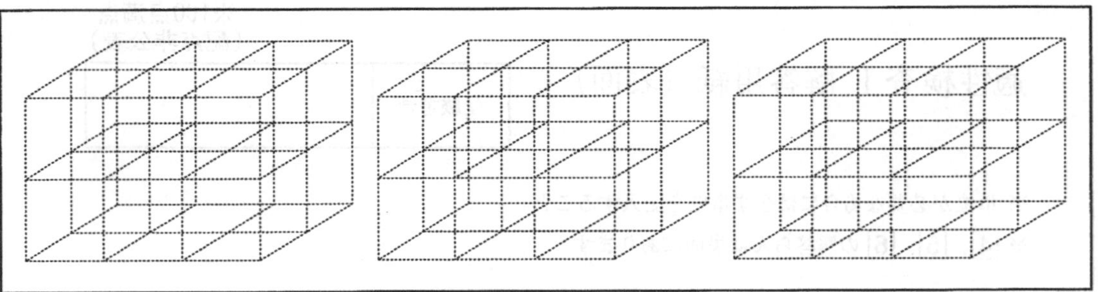

6

(1)	
(2)	

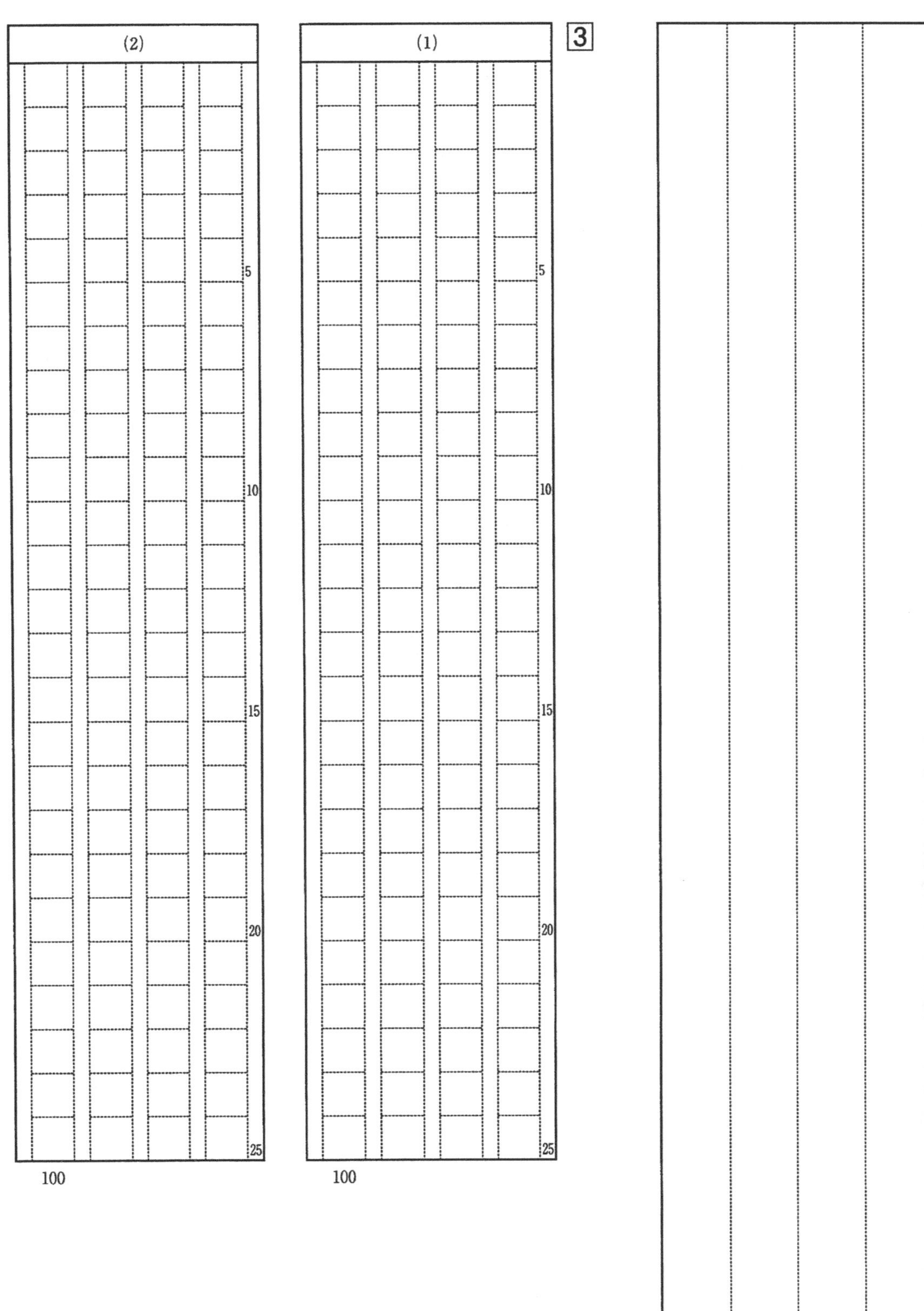

3
(1)
(2)
100
100

如水館中学校　令和五年度入学試験　適性検査Ⅱ　解答用紙

※すべてたて書きで書きなさい。

1

120

240

300

2

※100点満点
（配点非公表）

受験番号

如水館中学校　令和５年度入学試験

適性検査Ⅰ 解答用紙（裏面）

受験番号	

4

(1)	
(2)	

2

(1)	秒速　　　　　　　m
(2)	図
	実験方法

3

(1)	Aチーム　　　　　点	Bチーム　　　　　点
	Cチーム　　　　　点	
(2)	最も少ないとき　　　点	最も多いとき　　　点

3 洋平くんは，次の文章を読み，これに関連した【資料1】～【資料4】を集めました。

一般に，江戸幕府は欧米諸国と不平等条約を結んだと考えられています。小学校の教科書にもそのように書かれているため，みなさんは，幕府は欧米諸国から「押しつけられた」と思っている人も多いでしょう。確かに，幕府が欧米諸国と不平等条約を結んだのは事実ですが，「押しつけられた」と考えるのは誤りです。

たとえば，日米修好通商条約を結ぶために来日したアメリカ駐日公使のハリスに対して，幕府は，①アメリカ人が日本国内を自由に動き回って商売することを拒否し，それを条約に盛り込むことを認めさせるなど，アメリカの圧力を受け流し，幕府の要求を認めさせる見事な外交をおこないました。同時期に来日して条約交渉をおこなったロシアのプチャーチンたちは，幕府の役人の理解の速さや交渉のたくみさに対する深い尊敬の気持ちを書き残しています。

では，条約の不平等な内容のうち，関税自主権と領事裁判権について見ていきましょう。関税自主権が日本側にだけなかったことは，確かに不平等でした。日本側の関税は相手国との協議で決めなければならないのに，相手国側が日本との輸出入にかける関税は自由に決められたからです。

一方，領事裁判権を相手国に認めたのには理由がありました。条約交渉にあたった江戸幕府の役人からすれば，日本と欧米で法律が大きく異なっていたので，国内で罪を犯した外国人を日本の法律で裁くと，さまざまな問題が生じることが予想できたからです。それならば，外国人の犯罪はその国の法律で裁いてもらうほうがよいということになります。つまり，領事裁判権は江戸幕府が外国との面倒を避けることができる内容だったのです。私たちは，幕府の役人が知識もなく能力も劣っていたと思いがちですが，実際には，幕府は外国人の犯罪への判決をめぐって外国と衝突することをできるだけ避けようと努力していたのです。

このように，江戸幕府が欧米諸国と結んだ条約は，当時の日本が置かれた国際情勢を考えるとまずまずといえる内容でした。しかし，不平等条約は，近代化を進める明治政府にとっては不都合で不名誉なものでした。人々が，領事裁判権による不利益を実感する事件も起きました。また，②殖産興業の観点からも，関税自主権がなかったことは明治政府の不満のもとでした。さらに，条約の不平等を明らかにし条約改正を目指すことは，明治政府が江戸幕府よりも優れているのを示すことにつながったため，幕府の外交を全面的に否定する見方が生み出されていったと考えられます。

（鈴木荘一・関良基・村上文樹『不平等ではなかった 幕末の安政条約』，
関良基『日本を開国させた男，松平忠固』などを参考文献にして新規書きおこし）

2 世界の温室効果ガス排出量を調べるために，【図１】と【図２】を集めました。【図１】は，世界の温室効果ガス排出量の推移をまとめたもので，【図２】は，1990年と2019年の世界の温室効果ガス排出量の総量と国別割合をまとめたものです。これらをもとにして，世界の温室効果ガス排出量がどのように変わっているのかを，中国，アメリカ合衆国，日本の温室効果ガス排出量の変化にも着目して，くわしく説明しなさい。なお，ＯＥＣＤ（経済協力開発機構）とは，ヨーロッパ諸国を中心に，日本やアメリカ合衆国など，合計38か国（2022年12月現在）の先進工業国が加盟する国際協力機関のことです。

【図１】世界の温室効果ガス排出量の推移

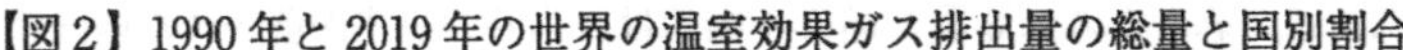

【図２】1990年と2019年の世界の温室効果ガス排出量の総量と国別割合

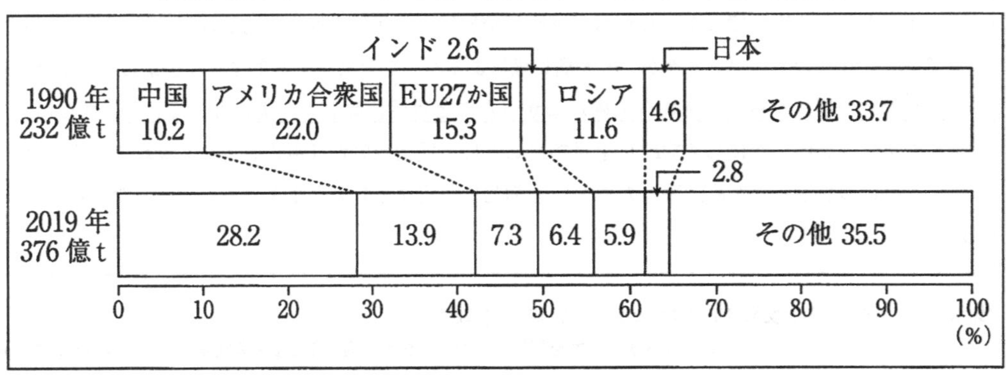

（図１～２ともに『日本国勢図会 2022/23』より作成）

1　だいちさんは図書館に行き，次のような文章を見つけました。

お詫び：著作権上の都合により，掲載しておりません。
ご不便をおかけし，誠に申し訳ございません。
教英出版

（上坂博亨・大谷孝行・里美安那『コミュニケーション力を高める プレゼン・発表術』
〈岩波ジュニア新書〉による）

この文章を読んで，あなたはどのようなことを考え，具体的に，どのようなことに取り組んでいこうと思いましたか。特に下線部について，多くの小学校から見ず知らずの人たちがたくさん集まってくる中学入学後の日々の生活とも関連づけて，あなたの考えや取り組みたいことを，240字以上300字以内で書きなさい。

如 水 館 中 学 校

令和５年度入学試験

適 性 検 査 Ⅱ

（50分）

注　　意

1　試験開始のチャイムが鳴るまで開いてはいけません。
2　問題用紙は４ページあり，問題は **1** から **3** まであります。これとは別に，解答用紙が１枚あります。
3　解答用紙には受験番号のみを書きなさい。
4　答えはすべて解答用紙に記入しなさい。

3 こういちさんたちは，A，B，C，Dの4チームでサッカーのリーグ戦（総当たり戦）をおこなうことにしました。試合に勝つと勝ち点が3，引き分けると両方のチームに勝ち点がそれぞれ1，負けると勝ち点はもらえません。勝ち点の合計が高い順に順位をつけ，勝ち点の合計が同じになったチームは同じ順位とします。

現在，2試合だけおこなわれ，AチームはBチームに勝ちましたが，Cチームには負けました。この2試合の結果を表に表すと，【表1】のようになります（勝ち…○，負け…×）。

【表1】

＼	A	B	C	D
A	＼	○	×	
B	×	＼		
C	○		＼	
D				＼

(1) 優勝したのはAチームだけで，4位もDチームのみで勝ち点1だったとき，次の会話文や表を参考にして，A，B，Cの3チームの勝ち点をそれぞれ答えなさい。

こういち：Dチームの勝ち点は1だから，Dチームは1回だけ引き分けで，あとは負けたことになるね。

あきひこ：もし，DチームがAチームに引き分けたとすると，【表2】のようになるけれど，これじゃあ，Aチームが1位じゃないから，条件に合わないね。

こういち：そっか。ということは，AチームはDチームに勝ったことがわかるから，【表3】のようになるってことがわかるよ。

あきひこ：次に，DチームがBチームに引き分けたとすると，【表4】のようになるね。

こういち：だけど，この場合もAチームが単独で1位になることはないから，やはり条件に合わないよ。

（話し合いは続く）

【表2】

＼	A	B	C	D
A	＼	○	×	△
B	×	＼		○
C	○		＼	○
D	△	×	×	＼

【表3】

＼	A	B	C	D
A	＼	○	×	○
B	×	＼		
C	○		＼	
D	×			＼

【表4】

＼	A	B	C	D
A	＼	○	×	○
B	×	＼		△
C	○		＼	○
D	×	△	×	＼

(2) 4チームの勝ち点の合計は，最も少ないときと最も多いときでそれぞれ何点になるか答えなさい。なお，必要に応じて次の表を自由に使って構いません。

＼	A	B	C	D
A	＼			
B		＼		
C			＼	
D				＼

＼	A	B	C	D
A	＼			
B		＼		
C			＼	
D				＼

＼	A	B	C	D
A	＼			
B		＼		
C			＼	
D				＼

2 まことさんとひかるさんは，三原やっさ祭りに出かけました。最終日の夜に花火が上がり始めると，２人は，花火がきれいに見える瞬間と，ドーンという音が聞こえる瞬間に，時間のずれがあることに気づきました。

ストップウォッチで測ってみたら，花火の光が見えて，2.2 秒後にドーンという音が聞こえたよ。グーグルマップで調べたら，ぼくは，打ち上げ地点から 748 m はなれた地点にいたんだ。

花火の光が見えたあとに音が聞こえるということは，音の速さが光の速さに比べるとずっとおそいからだわ。そういえば，音が伝わるのには時間がかかるってことを学校で実験したわね。

(1) まことさんの計測結果をもとにして，花火の音の速さは秒速何 m か答えなさい。なお，花火が上がった高さは考えないものとし，光の速さは無視できるくらい速く，打ち上げた花火は，空中で爆発すると同時に光と音が発せられるものとします。

(2) ひかるさんが述べた，「音が伝わるのには時間がかかることを確認できる実験」を考えて，そのようすを図で示し，その図に言葉を書き加えたうえで，実験方法を説明しなさい。

1 まことさんとひかるさんは，1～7まで書いてあるカードを，次の【図】のように，1段目(だんめ)に1枚(まい)，2段目に2枚，3段目に3枚……というように，上から順に並(なら)べていきました。

【図】

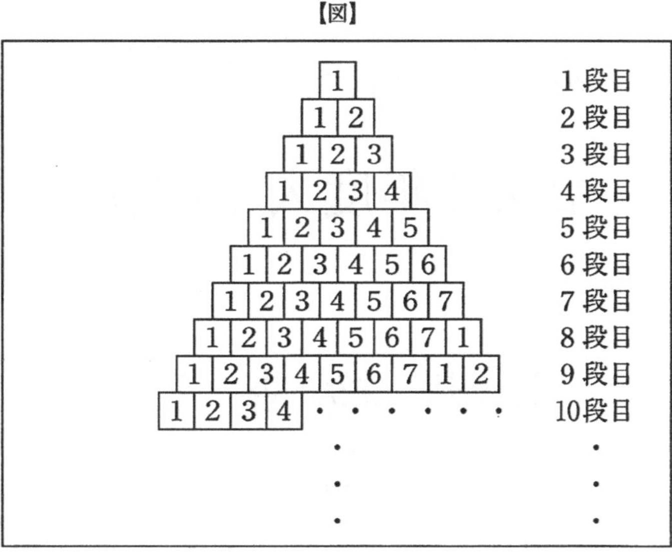

1～7まで書いてあるカードしかないので，8段目の一番右には，1のカードを置いてくり返すことになるんだね。

そうね。【図】を見ると，各段の一番左はすべて1のカードで，一番右は，1段目から1，2，3，……になっているわ。

そっか。規則的なんだね。ということは，わざわざカードを並べていかなくても，計算すれば，いろいろなことがわかりそうだね。

(1) 20段目までカードを並べたとき，20段目の右から3番目のカードに書いてある数は何か答えなさい。また，その求め方を，言葉や数，式を使って説明しなさい。

(2) 1のカードを100枚使ったところで，並べるのをやめました。このとき，何段目の左から何番目まで並べたことになるか答えなさい。

如水館中学校

令和５年度入学試験

適性検査Ⅰ

（50分）

注　　意

1　試験開始のチャイムが鳴るまで開いてはいけません。
2　問題用紙は６ページあり，問題は 1 から 6 まであります。これとは別に，解答用紙が１枚あります。
3　解答用紙には受験番号のみを書きなさい。
4　答えはすべて解答用紙に記入しなさい。

	Ⅲ	(1)	(2)

3			
	(1)	(2)	(3)
	(4)	(5)	(6)

4			
	(1)	(2)	(3)
	(4)	(5)　　と	(6)　→　→　→

4

問 1 → →	問 2 (1)	(2) mL
(3) mL	(4) mL	

5

問 1 (ア)	(イ)	(ウ)	(エ)
問 2 (1) (オ)	(カ)	(キ)	

(2) (オ)	(カ)	(キ)

5	(1)		(2)		(3)		(4)		(5)	

6	(1)	2番目		4番目		(2)	2番目		4番目		(3)	2番目		4番目	
	(4)	2番目		4番目		(5)	2番目		4番目						

7	(1)		(2)		(3)		(4)	

8	(1)		(2)		(3)		(4)		(5)	

3

(1)	(2)
(3)	(4)

4

(1)	(2)	(3)

5

(1)	(2)	(3)

6

(1) → → →	(2) あ い

如水館中学校　令和五年度入学試験　解答用紙

国語

受験番号

※100点満点
（配点非公表）

一

問一	問二	問三	問四	問五	問六	問七
	（　　）のに、（　　）こと。					

Ⅱ　次の文を読んで、あとの問いに答えなさい。

（　Ａ　）は、尾張（愛知県）の農村に住む地位の低い武士の子でしたが、その後、織田信長につかえて、有力な武士になりました。

中国地方で戦っていた（　Ａ　）は、信長の死を聞くと、ただちに京都に引き返して明智光秀をうち破り、天下統一の事業を引き継ぎました。その後、全国の大名を次々とおさえ、1590年に天下統一をなしとげました。さらに農民への支配をかためるために、検地や(x)刀狩を行いました。

（　Ａ　）の死後、勢力をのばしたのは（　Ｂ　）でした。有力な大名であった（　Ｂ　）は、関東地方に移された後も力をたくわえ、1600年、「天下分け目の戦い」といわれる関ヶ原の戦いに勝利しました。そして1603年征夷大将軍となり、(y)幕府を開きました。

(1)　上の文中の（　Ａ　）・（　Ｂ　）に入る人物名の組み合わせとして正しいものを、㋐～㋓の中から選び、記号で答えなさい。

㋐　（Ａ）今川義元　（Ｂ）足利尊氏
㋑　（Ａ）今川義元　（Ｂ）徳川家康
㋒　（Ａ）豊臣秀吉　（Ｂ）足利尊氏
㋓　（Ａ）豊臣秀吉　（Ｂ）徳川家康

(2)　上の文中の下線部(x)について、取り上げた武器は、新しく何をつくるための材料（釘など）に役立てるという理由がつけられましたか。その「つくるもの」として正しいものを、㋐～㋓の中から選び、記号で答えなさい。

㋐　金閣　　㋑　石るい　　㋒　大仏　　㋓　安土城

(3)　上の文中の下線部(y)について、時代の古いものから順に並べたものとして正しいものを、㋐～㋓の中から選び、記号で答えなさい。

㋐　鎌倉幕府　→　室町幕府　→　江戸幕府
㋑　鎌倉幕府　→　江戸幕府　→　室町幕府
㋒　室町幕府　→　鎌倉幕府　→　江戸幕府
㋓　室町幕府　→　江戸幕府　→　鎌倉幕府

2 次のⅠ・Ⅱ・Ⅲの問いに答えなさい。

Ⅰ 次の文を読んで、あとの問いに答えなさい。

6世紀の終わりから7世紀の初めにかけて、（ A ）は、蘇我(そが)氏と協力して、天皇を中心とする政治のしくみをととのえようとしました。大和朝廷(ちょうてい)の役人の位を12段階に分けて、家がらではなく能力によって取り立てたり、役人の心得をしめす十七条の憲法をつくるなどしました。

（ A ）がなくなると、蘇我(そが)氏の力は天皇をしのぐほど強くなりました。これをみた（ B ）と中臣鎌足(なかとみのかまたり)は、645年に蘇我(そが)氏をほろぼしました。そして、中国の政治のしくみを学んできた留学生とともに、強力な国づくりを進めました。この政治の改革を大化の改新といいます。

こうして、中国を手本にしながら、新しい政治のしくみがととのえられていきました。土地や人々は国のものとなり、農民が国に納める税の制度も統一されました。

(1) 上の文中の（ A ）・（ B ）に入る人物名の組み合わせとして正しいものを、㋐～㋓の中から選び、記号で答えなさい。

㋐ （ A ） 聖徳太子 （ B ） 聖武天皇
㋑ （ A ） 聖徳太子 （ B ） 中大兄皇子
㋒ （ A ） 聖武天皇 （ B ） 聖徳太子
㋓ （ A ） 聖武天皇 （ B ） 中大兄皇子

(2) 上の文中の下線部について、この時の税の説明として誤っているものを、㋐～㋓の中から選び、記号で答えなさい。

㋐ 米のとれ高の半分ほどをねんぐとして納める。
㋑ 1年に10日、都で働くか、布を納める。
㋒ 地方の特産物を納める。
㋓ 都や九州の守りにつく。

(6) 次のグラフは、個人のインターネット利用者の年代別割合の推移を表したものです。このグラフから読み取れるものとして正しいものを、㋐～㋓より選び、記号で答えなさい。

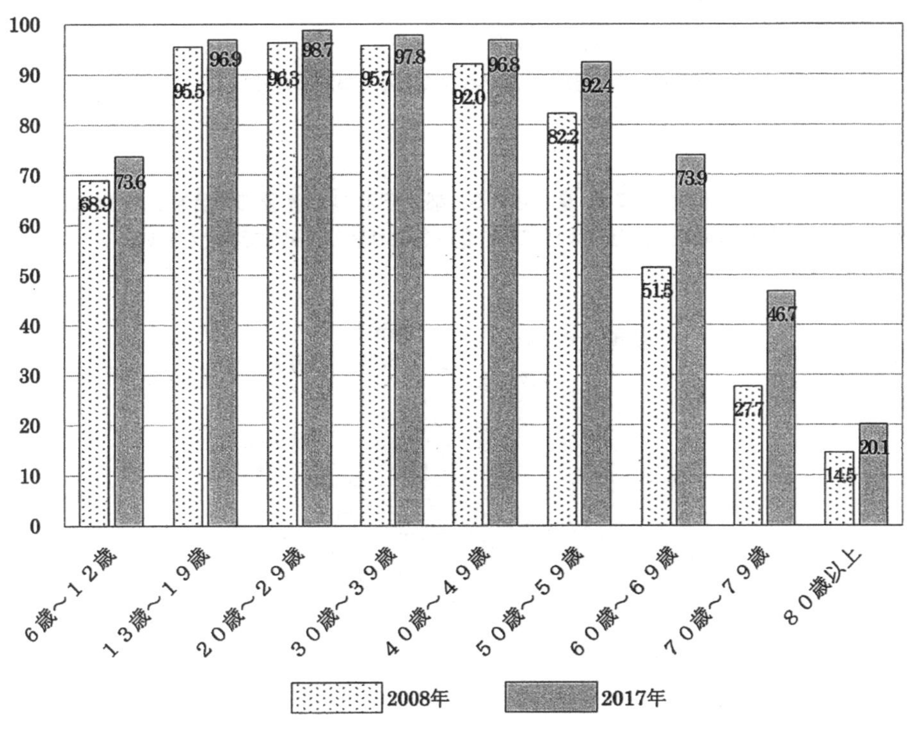

【総務省平成30年度版　情報通信白書より作成】

㋐ 2017年の調査では、全年代でインターネットの利用割合が30%をこえている。

㋑ 2008年・2017年の調査ともに、最も割合が高い年代は、20歳(さい)～29歳(さい)である。

㋒ 2008年から2017年の調査にかけて、インターネットの利用割合がもっとも伸(の)びた年代は70歳(さい)～79歳(さい)である。

㋓ 2008年の調査では、6歳(さい)～69歳(さい)までの年代では、インターネットの利用割合が60%をこえている。

(3)　現在、地球温暖化が大きな問題となっています。地球温暖化がすすんだときの影響について書かれた説明文のうち誤っているものを、㋐〜㋓より選び、記号で答えなさい。

㋐　世界中の氷が溶けて海面が上昇する。
㋑　土地の低い地域は沈んでしまう
㋒　獲れる魚の種類が増え、漁獲量が増える。
㋓　乾燥する地域が広がって、農作物が作れなくなる地域が広がる。

(4)　次のグラフは、ある農産物の収穫量に占める、都道府県の収穫量の割合をしめしたものです。このグラフのしめす農産物として正しいものを、㋐〜㋓より選び、記号で答えなさい。

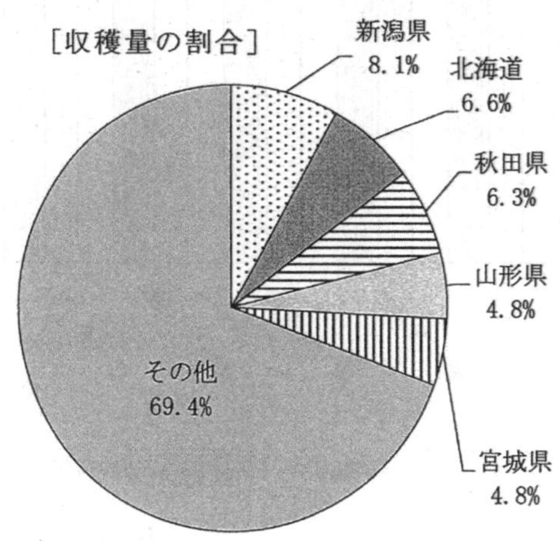

【農林水産省　2018年作物統計】

㋐　トマト　　㋑　たまねぎ　　㋒　じゃがいも　　㋓　米

(5)　次の文章は、ある県について述べたものです。この文章の説明として適当な県を、㋐〜㋓より選び、記号で答えなさい。

・この県には971もの島があり、その数は全国で1位である。
・この県では、毎年8月に平和祈念式典が開催されている。
・この県は、養殖のマグロやフグの収穫量が全国1位である。
・この県は、2019年の船舶輸出額が全国1位である。

㋐　長崎県　　㋑　沖縄県　　㋒　愛媛県　　㋓　広島県

1 次の問いに答えなさい。

(1) 日本と同経度にある国として正しいものを、㋐～㋓より選び、記号で答えなさい。

㋐ インド　　㋑ オーストラリア　　㋒ スペイン　　㋓ ブラジル

(2) 次の雨温図は、日本のある都市（都道府県庁所在地）のものです。この雨温図のしめす都市を含(ふく)む地域は亜熱帯気候(あねったいきこう)に属しており、1年を通じて温度差は少なく温暖です。また、台風の影響(えいきょう)を受けやすく、降水量は比較的(ひかくてき)多くなっています。この地域の伝統的な家として正しいものを、㋐～㋓より選び、記号で答えなさい。

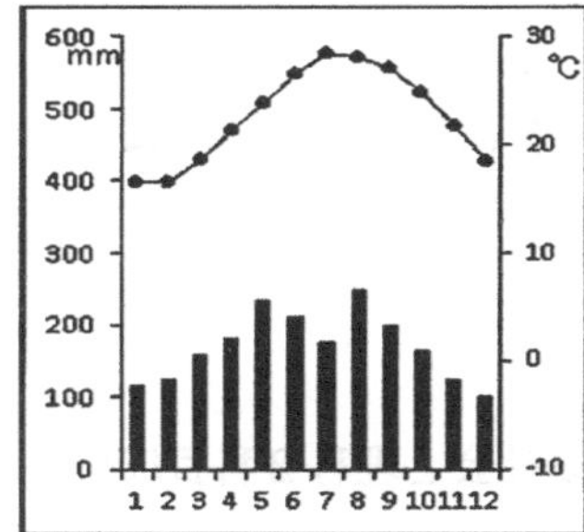

㋐

㋑

㋒

㋓

如水館中学校

令和5年度入学試験

社　会

（※社会と理科２科目60分）

注　　意

1　試験開始のチャイムが鳴るまで開いてはいけません。
2　問題用紙は11ページあり，問題は[1]から[4]まであります。これとは別に解答用紙が１枚あります。
3　解答用紙には受験番号のみを書きなさい。
4　答えはすべて解答用紙に記入しなさい。

2 夏休みのある日，花子さんは父，母といっしょに旅行に出かけました。下の会話は，その時の様子です。文章中の空らん（ア）～（オ）に当てはまる語を答えなさい。

花子：「今日は良い天気だし，旅行が楽しみだわ。」
母　：「そうね。軽井沢では，のんびり過ごしましょうね。」
花子：「あれ？　左側に，しま模様のがけ【図1】が見えるよ。」
父　：「あれは，（ア）といい，れき，砂，どろなどが層になり，積み重なってできているよ。」
花子：「そうなんだ。ところで，れき，砂，どろって何がちがうの？」
父　：「つぶの（イ）のちがいで区分されているよ。」
花子：「なるほど。勉強になるよ。」

（数時間後，軽井沢にとう着しました。その日の夜は，星空観察をしました。）

花子：「軽井沢の夜空って，とてもきれい。星がたくさん見えるよ。」
母　：「そうね。星がたくさん見えるから，今日は（ウ）のお勉強をしましょう。」
花子：「楽しみだよ。」
母　：「（ウ）は，星と星を線で結び，神話に登場する人物や動物，器物などの姿かたちに見立てたもので，あのデネブ【図2】という星をふくむ（ウ）の名前は（エ）というよ。」
花子：「確かに，つばさを広げて夜空を飛んでいるように見えるね。」
母　：「あれがこと座で，そっちがわし座ね。こと座のベガは織ひめ星，わし座のアルタイルはひこ星とも呼ばれていて，七夕の星のことね。」
父　：「デネブ，ベガ，アルタイルを結んでできる三角形を（オ）というよ。3つの星はすべて明るい一等星だから分かりやすいし，夏の（ウ）の目印になっているよ。」
花子：「なるほど。今日はたくさん勉強できたし，楽しかったよ。星についてもっと知りたくなったから，夏休みの自由研究のテーマにしようと思う。」

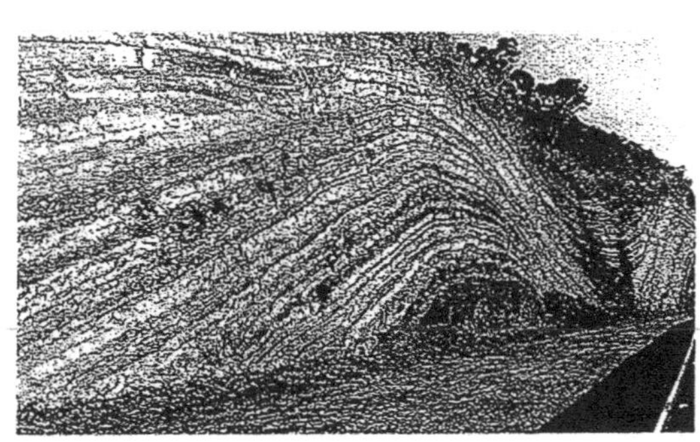
【図1】

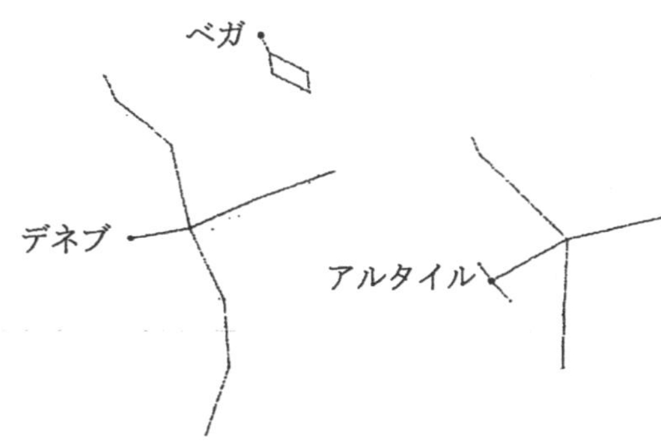

【図2】

1 次の文章を読み，文章中の空らん（ア）～（コ）に当てはまる語や数字を下の語群から選び，答えなさい。同じ語や数字は何回使用してもかまいません。

水は温度によりさまざまな状態に変化します。熱せられて（ア）℃近くになると，中からさかんにあわを出します。このことを（イ）といいます。（イ）している間，水の温度は（ウ）。このとき出ているあわは（エ）です。

また，水は冷やされて（オ）℃まで下がるとこおりはじめます。すべて氷になるまで（カ）℃のままです。氷になると体積が（キ）なります

このように水は温度によって，氷になったり，水じょう気になったりします。水じょう気は目に見えず，自由に形を変えることができます。このようなすがたを（ク）といいます。また，水は目に見えて，自由に形を変えることができます。このようなすがたを（ケ）といいます。氷のように，形が変わりにくいものを（コ）といいます。

語群

１００	１０	０	大きく	小さく
水じょう気	空気	酸素	ふっとう	上がります
下がります	上がりません	気体	液体	固体

2023(R5) 如水館中
K 教英出版

如 水 館 中 学 校

令和５年度入学試験

理　　科

（※理科と社会２科目60分）

注　　意

1　試験開始のチャイムが鳴るまで開いてはいけません。
2　問題用紙は５ページあり，問題は[1]から[5]まであります。これとは別に解答用紙が１枚あります。
3　解答用紙には受験番号のみを書きなさい。
4　答えはすべて解答用紙に記入しなさい。

7　あなたはウェブサイトで以下のお知らせを見つけました。その内容について、(1)～(4)の問いに対する答えとして最も適切なものを 1, 2, 3, 4 の中から一つ選び、番号で答えなさい。

2023.1.28-1.29

Mihara 2023 Fishing Trip

You can fish in the lake!
Let's try and enjoy fishing!
※You can fish by the beach, too.

The price of this two-day trip is $180. The price includes meals and hotel charges. We will pick you up at your hotel every morning. You can make *sashimi* after you fish. Let's enjoy fishing together!!!

- BOAT RENTALS -

size of boat	half day AM (9:00-12:00)	half day PM (12:00-17:00)	full day (9:00-17:00)
small (3 people)	$ 50	$ 60	$ 100
medium (5 people)	$ 70	$ 90	$ 150
large (10 people)	$ 100	$ 120	$ 200

If you don't have a fishing rod, you can borrow one for free!
Children age five and under can NOT ride on the boats.
On this trip, you need to wear a mask.

If you have any questions, please send an e-mail.
E-mail: enjoyfishing@j-mihara.com

5 次の(　　)内に入る最も適切なものをA, B, C, Dの中から一つ選び、記号で答えなさい。

(1) Ken and Lisa (　) very kind.
A) am　B) is　C) are　D) be

(2) A lot of students go to school (　) bus.
A) in　B) by　C) to　D) for

(3) I (　) to Okinawa with my friends last year.
A) went　B) enjoyed　C) ate　D) was

(4) (　) is your birthday? — October 18th.
A) What　B) When　C) Where　D) How much

(5) He is good at (　) English.
A) speak　B) speaks　C) speaking　D) spoke

6 次の日本文の意味を表すように①～④を並べかえ、(　)の中で2番目と4番目にくるものを番号で答えなさい。ただし、(　)の中では、文のはじめにくる語(句)も小文字になっています。

(1) 手伝ってくれてありがとう。
(① for ② thank ③ your ④ you) help.

(2) 大きな鳥が空を飛んでいます。
A big (① is ② bird ③ in ④ flying) the sky.

(3) この部屋で走らないでください。
Please (① don't ② this room ③ run ④ in).

(4) あなたは何の教科が好きですか。
What (① like ② do ③ subject ④ you)?

(5) 彼女は上手にバイオリンをひくことができます。
(① play ② the ③ she ④ can) violin well.

【筆記問題】

4 次の二人の会話が成立するように（　　）内に入る最も適切なものをA, B, C, Dの中から一つ選び、記号で答えなさい。

(1) Boy ： Hey Mom! Where is my hat?
Mother ：（　）

A） Last week.　　B） On your desk.
C） OK.　　D） Thank you.

(2) Girl ： Ted, do you like this white T-shirt?
Boy ：（　）

A） Yes, I like baseball.　　B） Yes, he is my best friend.
C） No, I like the black one.　　D） No, it's very difficult.

(3) Girl 1 ： What is the date today?
Girl 2 ：（　）

A） It's Thursday.　　B） It's ten o'clock.
C） It's sunny.　　D） It's January 5th.

(4) Boy ： I'm home! I'm hungry.
Mother ：（　）

A） Dinner is ready.　　B） I live near here.
C） I had a good time.　　D） See you tomorrow.

(5) Boy ：（　）
Girl ： Because I want to go to Japan.

A） What is your favorite sport?　　B） What did you do last week?
C） Where are you from?　　D） Why do you want to study Japanese?

2 英文と質問を聞き、その答えとして最も適切なものをA, B, C, Dの中から一つ選び、記号で答えなさい。英文と質問は2度放送されます。

No. 1 A) 8:55 B) 9:00
C) 9:05 D) 9:10

No. 2 A) To draw a picture. B) To buy pencils.
C) To meet her friend. D) To take a picture.

No. 3 A) A horse. B) A hamster.
C) A pig. D) A panda.

3 英文を聞き、①～④の空所に入る語を書きとりなさい。英文は2度放送されます。

Kumi has a sister. Her (①) is Hana. They (②) tennis after school every day. Today (③) Hana's birthday. So Kumi is going to buy a racket (④) her.

リスニング問題は以上です。続いて、筆記問題に入ってください。

※音声と放送原稿非公表

【リスニング問題】

1 次の No.1～No.5 の英文を聞いて、その内容を最もよく表しているイラストをア～ウの中から一つ選び、記号で答えなさい。英文はそれぞれ 2 度放送されます。

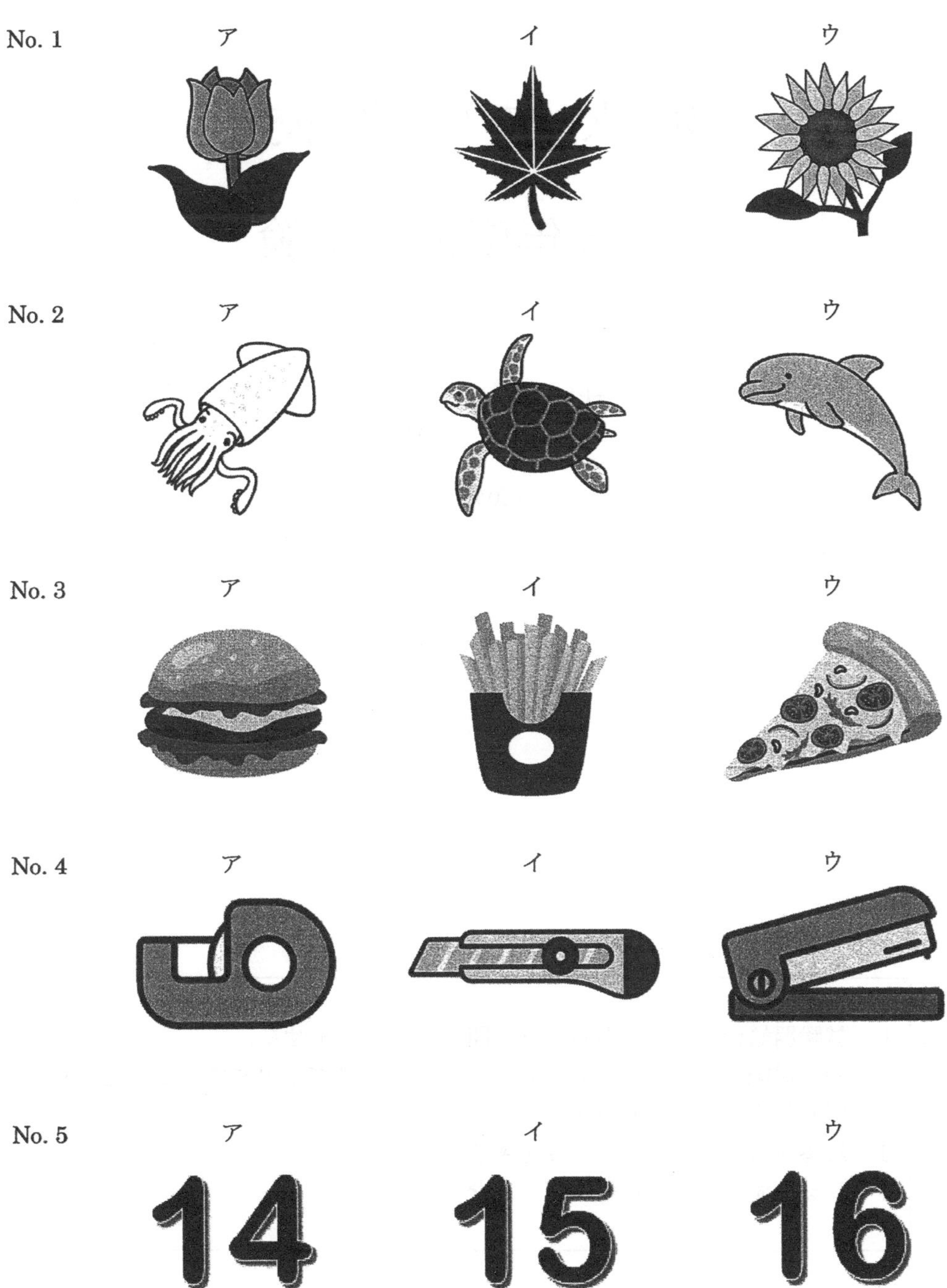

如水館中学校

令和５年度入学試験

英　　語

（50分）

注　　意

1　試験開始のチャイムが鳴るまで開いてはいけません。
2　問題用紙は８ページあり，問題は[1]から[8]まであります。これとは別に解答用紙が１枚あります。
3　解答用紙には受験番号のみを書きなさい。
4　答えはすべて解答用紙に記入しなさい。

3 次の問いに答えなさい。（ただし，円周率が必要なときは，３．１４を用いること）

（１） 右の図のように，長方形ＡＢＣＤを対角線ＡＣを折り目として折り曲げたとき，㋐の角度を求めなさい。

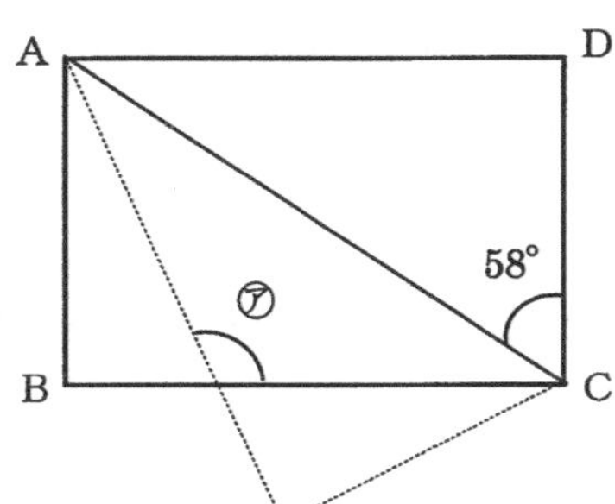

（２） 右の図において，四角形ＡＢＣＤは台形です。この台形の面積を求めなさい。

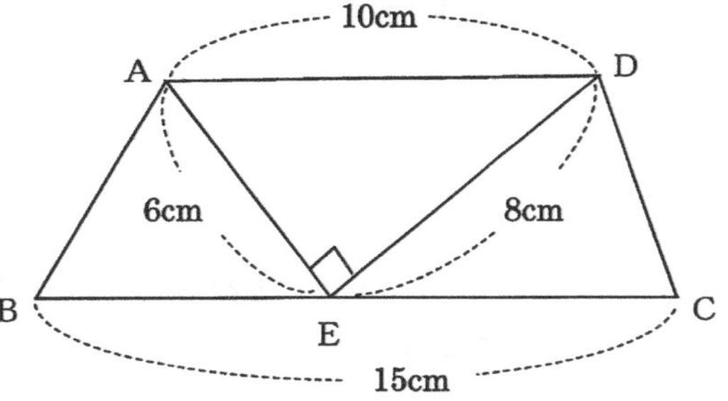

（３） 下の図のように，平行な２本の直線を使って，２つの平行四辺形①，②をかきました。①の面積は，②の面積の２倍あります。辺ＡＢの長さを求めなさい。

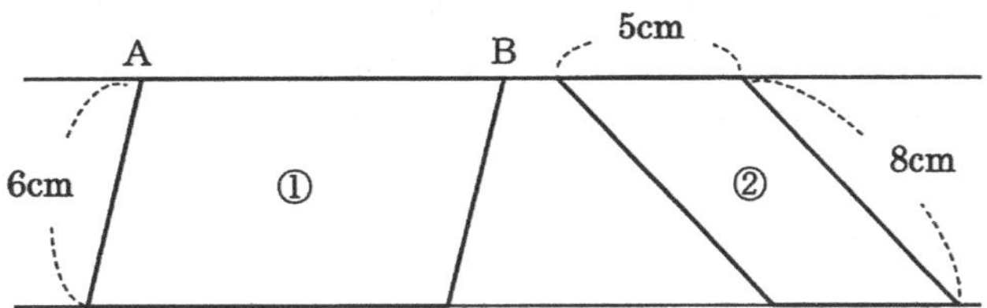

（４） 下の図のような円柱の容器ＡとＢがあります。容器Ａがいっぱいになるまで水を入れて，これをすべて容器Ｂに移したとき，水の深さは何ｃｍになりますか。

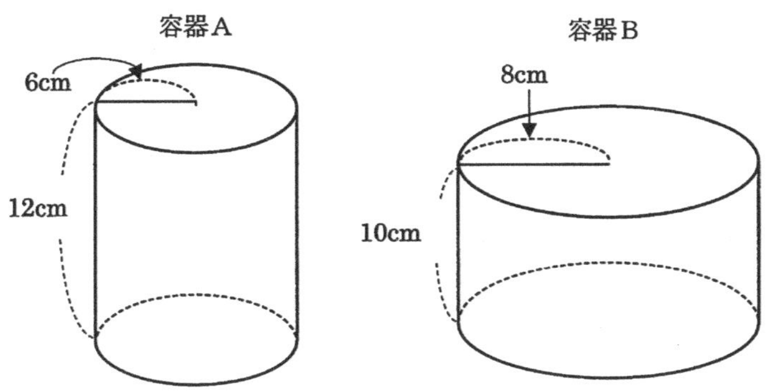

2 次の問いに答えなさい。

（1）　１０mは何mmですか。

（2）　８と１２と３６の最小公倍数を求めなさい。

（3）　次の□には同じ整数が入ります。□にあてはまる数を求めなさい。

7×（□＋2）×（□＋2）＝２０２３

（4）　AとBはともに1けたの整数です。AとBをたしたところ，２けたの整数になり，十の位の数とAが同じ数になりました。このとき，整数Bはいくつですか。

（5）　兄と弟がランニングをしました。二人は同時に家を出発し，折り返し地点までの同じ道を往復しました。兄は家から折り返し地点までを分速１５０mで１２分かけて走り，折り返し地点から家までを分速１００mで走りました。兄が折り返し地点で折り返してから３分後に，はじめて弟とすれ違いました。

①家から折り返し地点までは何ｋｍですか。

②弟が家から折り返し地点まで走ったときの速さを時速で求めなさい。

1 次の計算をしなさい。

（1） $333-44+88$

（2） $3025\div55\div55$

（3） $500-45\times6$

（4） $\frac{5}{6}-\frac{1}{18}+\frac{5}{9}$

（5） $\left(\frac{4}{5}-\frac{1}{2}\times\frac{8}{9}\right)\div0.6$

（6） $9\times7\times5\times20\times5\times4\times5\times25\times4$

如 水 館 中 学 校

令和５年度入学試験

算　　数

（50分）

注　　意

1　試験開始のチャイムが鳴るまで開いてはいけません。
2　問題用紙は６ページあり，問題は[1]から[6]まであります。これとは別に解答用紙が１枚あります。
3　解答用紙には受験番号のみを書きなさい。
4　答えはすべて解答用紙に記入しなさい。

9 運ばれる距離は［ B ］。空飛ぶ鳥にとって食物の重量は飛翔の妨げになるので、消化管を速やかに通過させて外に出したい。種子が消化管を通過して排泄されるまでに要する時間は長くても20～30分程度である。

10 マンリョウの種子は赤い実をそのまま蒔いたのでは芽が出ない。果肉中に種子の阻害物質が含まれているため、そのまま落下したのでは芽が出ず、鳥の消化管を通ってはじめて芽が出るように細工が施されているのである。

11 親植物の真下に落ちた種子は、親の陰になるため育つ可能性がほとんどないし、芽が出たとしても競争が増すだけだから、鳥に食べられて別の場所に運ばれたものだけに芽を出すことを許しているのだろう。芽を出さなかった種子の一部はそのまま休眠に入り、チャンスの到来を待つことになる。

12 植物によっては鳥の*砂嚢でごりごり削られることで物理的に発芽阻害が解ける場合もある。種子散布に鳥を利用すべく、植物たちは実や種子の色や性質を④巧みに進化させてきたのである。

（『したたかな植物たち』 多田多恵子 ちくま文庫）

＊ モノトーン……単調または単色であること。一般的には、白・黒および（その中間色である）グレーで構成された色の構成を指す。

＊ 補色……色相環で反対に位置する関係の色のことで、コントラスト（対比）が強い配色。

＊ 托卵……自らの卵と、それから生まれる子の世話を他の個体に託する行為。

＊ 砂嚢……動物の消化管の一部で、食物を砕いて消化を容易にする。

問一 空らん［ A ］に当てはまる語として、最も適切なものを次の中から選び、記号で答えなさい。

ア そして　　イ つまり　　ウ たとえば　　エ また

問二　ぼう線部①「ひときわ」、④「巧みに」の意味として最も適切なものを次の中からそれぞれ選び、記号で答えなさい。

①「ひときわ」　ア　やはり　イ　ときおり　ウ　とりわけ　エ　いきなり

④「巧みに」　ア　うまく　イ　だんだん　ウ　静かに　エ　大胆に

問三　ぼう線部②「の」は、ある言葉の代わりとして用いられている。その言葉を本文中から漢字二字でぬき出して答えなさい。

問四　ぼう線部③「赤い色は鳥の目にも鮮やかに映る」とあるが、この理由を次のように説明する。空らんに入れるのに適切な語句を、本文中からそれぞれ九字でぬき出して答えなさい。

（　a　）ており、（　b　）しやすいため。

問五　空らん［B］に入る語句として最も適切なものを次の中から選び、記号で答えなさい。

ア　けっこう長い　イ　そう長くはない　ウ　ほぼないに等しい　エ　計り知れない

問六　この文章を内容のうえから四つのまとまりに分けるとすると、次のどの分け方が最も適切ですか。記号で答えなさい。

ア　[1][2]／[3][4][5][6]／[7][8][9][10]／[11][12]

イ　[1][2]／[3][4][5][6]／[7][8][9][10][11]／[12]

ウ　[1][2]／[3][4][5][6][7]／[8][9][10]／[11][12]

エ　[1][2]／[3][4][5][6][7]／[8][9][10][11]／[12]

問七　この文章全体で多く用いられている表現技法として最も適切なものを次の中から選び、記号で答えなさい。

ア　倒置法　　イ　対句　　ウ　反復　　エ　擬人法

三 次の熟語の構成としてあてはまるものをそれぞれ後のア～オから選び、記号で答えなさい。

① 玉石　② 温暖　③ 木造　④ 洗顔　⑤ 不幸

ア 同じ意味の漢字を組み合わせた熟語

イ 反対の意味の漢字を組み合わせた熟語

ウ 上の字が下の字を説明（修飾）している熟語。

エ 下の字から上の字へ返って読む熟語。

オ 上の字が下の字を打ち消している熟語。

四 次の漢字に共通する部首名を答えなさい。

① 守・安　② 回・因　③ 延・建　④ 空・究　⑤ 利・刻

五 次の四字熟語のひらがなの部分を漢字に直して答えなさい。

① 異く同音　② 意味しん長　③ き想天外　④ 本末転とう　⑤ 馬じ東風

2023(R5) 如水館中
K 教英出版

如水館中学校

令和４年度入学試験

国　　語

（50分）

注　　意

1　試験開始のチャイムが鳴るまで開いてはいけません。
2　問題用紙は８ページあり，問題は一から五まであります。これとは別に解答用紙が１枚あります。
3　解答用紙には受験番号のみを書きなさい。
4　答えはすべて解答用紙に記入しなさい。
5　字数制限のあるものについては、原則として「、」や「。」も一字に数えます(指示のあるものは除く)。

K 教英出版

一　「俊介」と「倫太郎」は「東栄大学附属駒込中学校（東駒）」に合格するため、塾の夏期合宿に参加しています。次の文章は合宿の夜に二人が会話をする場面です。よく読んで、後の問いに答えなさい。

「俊介は……なんでそんなに頑張るの」
「え？」
「どうしてそんなに……頑張れるの」
倫太郎が近づいてきて、非常階段に続く鉄製の扉をそっと押した。ここにいたら誰かに見つかっちゃうから踊り場で喋ろうよ、と腕をつかんでくる。
倫太郎にしては大胆な行動に、ほんの一瞬、戸惑う。
「え、だって受験生だから……。倫が前に言ってたじゃん、限界まで頑張れば、どこか違う場所に行けるって。努力をすれば、見たことのない景色に出会うことができる、生き方が変わるって。おれその話聞いて、いいなって思ったんだ。おれも限界までやってみたいって。東駒の試験って、二月の一週目じゃん？　あと半年しかないし。残り半年で、おれなんて18も偏差値上げなきゃいけないんだ。そりゃ焦るよ」
四階に続く階段を上がり、踊り場の隅に二人並んで座った。仄暗いそのスペースにはかび臭い湿った空気が溜まっていて、話し声が驚くほど響く。
「あれは……ちょっとカッコつけて言っただけだよ。①本当はもっと違う理由で東駒に行きたいんだ……」
「そうなのか？　違う理由ってなんだよ」
俊介がそう口にすると、倫太郎が②少し身構えたのがわかった。言おうか、どうしようかと迷う倫太郎の緊張感が、触れ合った腕から伝わってくる。
「ぼくのお兄ちゃんが東駒に行ってるんだ。お父さんも東駒の卒業生だし……。だから自分もっていう……」
本当は自分だけが東駒に行けないっていうのが嫌なだけなんだ、と倫太郎が続ける。お兄ちゃんと同じ学校に通えば、お父さんとお母さん……おじいちゃんやおばあちゃんにもがっかりされないだろうから、と。
「ごめんね俊介」
「なんで倫があやまんの？」

「ぼくが東駒の志望動機を話した時、俊介の表情がなんかこう、ぱっと変わったのがわかったんだ、③なにか大事なことを閃いたような顔をして。実はあの後ぼく、ちょっと反省してたんだ。嘘の志望動機で、俊介を塾に……中学受験に引き込んじゃったのかなって」

でも東駒に行きたいのは本当だから、と倫太郎が[A]を出す。

薄暗い階段の踊り場が、*ルミナスの練習場からの帰り道を思い出させる。電車の高架下の細い道路。二人の話し声以外の音はなにも聞こえない。深い深い海の底で話をしているような感覚。

「いいって、そんなの。おれは塾に通ってよかったと思ってるし、中学受験だって挑戦してみたいと思ってる」

俊介は手のひらで倫太郎の背中をばん、と叩いた。そんなことを気にしていたのかと[B]。

「うん、俊介、頑張ってるもんね」

話してすっきりしたのか、倫太郎がいつもの明るい口調に戻る。

「俊介はさあ、生き方を変えたいの？」

「え？」

「いま言ってたじゃん」

「ああ……。まあ、うん」

「どんなふうに？」

「どんなふうにって……言われても」

なにから話そうか迷い、倫太郎からもらった東駒のパンフレットのことを思い出した。

〈　中略　〉

「……おれ、ロボットを作りたいんだ」

「ロボットって、どんな？」

「聴覚を共有できるロボットを作りたい」

難聴で音が聴こえない妹に音を感じさせてやりたいのだと、俊介は話した。お母さんやお父さんの声。ピアニカの音。鳥や虫、動物の鳴き声……。みんなと同じようにすべての音を感じることができたら、美音はどれだけ［C］だろう。

「俊介って、④すごいことを考えてるんだね」

「考えてるだけだけど」

学校案内に取り上げられていたその卒業生は、『こんなものがあったらいいなと思う気持ちが、研究の原動力です』と言っていた。いまの医学でどうにもならないのなら、聴力に代わる感覚を作りたい。科学の力でならなんとかできるかもしれないと思ったのだと、俊介は続けた。

（『金の角持つ子どもたち』　藤岡　陽子）

＊ルミナス……俊介と倫太郎が通っていたサッカークラブ

問一　ぼう線部①「本当はもっと違う理由で東駒に行きたいんだ……」とありますが本当の理由は何ですか。本文中から二十五字以内でぬき出して答えなさい。

問二　ぼう線部②「少し身構えた」とありますがそれはなぜですか。理由として適切なものを次の中から一つ選び、記号で答えなさい。

ア　強い口調で本当のことを言うように言われて、恐いと感じたから。
イ　本当の志望動機を言うと、馬鹿にされると不安に思ったから。
ウ　かっこつけた理由を言って、笑われるのではないかと思ったから。
エ　俊介に本当の理由を打ち明けるかどうか悩んで、固くなっているから。

問三　ぼう線部③「なにか大事なことを閃いたような顔」とありますが、具体的にはどのようなことを閃いたのですか。次の空らんに当てはまる語句を本文中からそれぞれ指定字数でぬき出して答えなさい。

・勉強を限界まで頑張れば、（a　九字　）に出会うことができ、また、（b　七字　）ということ。

問四　空らん［A］・［B］に当てはまる言葉として正しいものを次の中からそれぞれ一つずつ選び、記号で答えなさい。

A　ア　明るい声　イ　とげとげしい声　ウ　小さな声　エ　おだやかな声

B　ア　怒鳴り散らす　イ　笑い飛ばす　ウ　悲しみに暮れる　エ　ぼう然とする

問五　空らん［C］に当てはまる「妹」の気もちとして適切なものを次の中から一つ選び、記号で答えなさい。

ア　和む　イ　怒る　ウ　喜ぶ　エ　とまどう

問六　ぼう線部④「すごいこと」とありますが、どのようなことですか。四十字以内で説明しなさい。

問七　この文章の表現の特徴と効果について述べたものとして適切なものを次の中から一つ選び、記号で答えなさい。

ア　「……」を使い、「俊介」と「倫太郎」が言葉を選びながら会話している様子を表現している。

イ　「倫太郎」の視点で語ることによって、「倫太郎」から見た、「俊介」の様子が描かれている。

ウ　会話文を多く使うことによって、会話がテンポ良く行われている様子を表現している。

エ　「　」を使わずに登場人物の言葉を表すことで、誰が話しているかを読者に想像させるようにしている。

二　次の文章を読んで、後の問いに答えなさい（1～10は、段落番号をあらわしています）。なお、設問の都合で原文の一部を改変しています。

1「季節の節目」「人生の節目」などと私たちはよく言うが、雑草の戦略においてもこの「節目」はかなり重要な役割を果たしている。

2雑草の成長は順風満帆ではない。風雨に打ちのめされることもある。ふまれることもある。草かり鎌でかられることもある。①そんな苦境にあって茎が倒れてしまった時、節目から地面に根を下ろすことができる。節が基盤となって根を張り、再び茎を伸ばし始めるのである。

3畑のやっかいな雑草であるメヒシバやツユクサは、節目を巧みに使う雑草である。これらの雑草は、畑で耕されたり、草刈りをされてちぎれても、ばらばらになった茎の節から根を出して、再び成長を始める。それどころか、ちぎれちぎれになった茎がみんな芽を出して再生することによって、数を増やすのである。メヒシバやツユクサにとっては、耕されたり、草刈りをされたりすることさえも成長のチャンスなのである。

4メヒシバやツユクサは茎を伸ばして、成長しながら茎に節目を形成する。［A］、成長しては節目を作り、節目を作ってはまた再び茎を伸ばすのである。この節の形成は、茎を伸ばす伸長と比べると一休みに見えるが、そうではない。根と同じように、茎が切れると、切れた節のそれぞれが根を伸ばして増殖してしまう。

5節目は成長の＊軌跡であると同時に、成長を再スタートする原点である。だから、節のある成長は強い。しかし、節のない成長ではこうはいかない。ただ②やみくもに伸びただけの茎は、何かの拍子に茎の先端が折れてしまった時、枯れてしまう他ないのである。

6節目の次は「わき目」の話である。

7人間の世界では「わき目も振らず」に物事に取り組むのはよいこととされている。［B］、植物の成長にとってはわき目の存在は欠かせない。もっとも植物の場合は「目」ではなく「芽」であるが……。

8植物の成長は必ずわき芽を用意する。葉の付け根にわき芽を作りながら茎を伸ばしていくのである。このわき芽は時間が経つと＊分枝として成長するものもあるが、③多くは芽のままで成長を止める。まるで忘れられた存在のようにも見える。しかし、じつはわき芽にも重要な役割があるのである。

9茎の先端から分泌される植物ホルモンの働きによって、わき芽の生育はふだんは抑えられている。しかし、茎の先端が折れて成長が止まった時、予備軍として控えていたわき芽に成長が託される。植物ホルモンの分泌が止まり「待機命令」が解除されると、直ちに成長の止まった部分に近いわき芽が伸

2022(R4) 如水館中
K 教英出版

6 A，B，C，D，E，Fの6人が算数のテストを受け，その結果について以下のことがわかりました。

①AはBより点数が高い
②AはFより点数が低い
③BはCより点数が高い
④BはEより点数が高い
⑤CはDより点数が高い
⑥DはEより点数が低い
⑦同じ点数の人はいない

点数の高い順に1位から6位までの順位をつけたとき，次の問いに答えなさい。

（1） 1位はA～Fのうちの誰ですか。

（2） 6位はA～Fのうちの誰ですか。

（3） ①～⑦ではわからない順位があります。このことについて，下の文章の㋐にA～Fのアルファベットを1つ，㋑と㋒には数字をそれぞれ1つずつ答えなさい。

「㋐が㋑位か㋒位かわからない。」

問題は以上です

5 次の数の列は，ある規則にしたがってならんでいます。

1，2，1，3，2，1，4，3，2，1，5，4，3，2，1，6，5，4，3，……

この数の列について，次の問いに答えなさい。

（1） はじめから数えて３０番目の数は何ですか。

（2） ３が２回目にでてくるのは，はじめから数えて８番目です。３が７回目にでてくるのは，はじめから数えて何番目ですか。

（3） はじめからでてくる数を順にたしていきます。その和が２５０となるのは，はじめから何番目の数までたしたときですか。

4 ある容器に水が入っていました。１回目にこの容器の水の６０％を使ったところ，容器と水をあわせた全体の重さが４２０ｇになりました。また，２回目に残った水の６０％を使ったところ，全体の重さが２７６ｇになりました。このとき，次の問いに答えなさい。

（１）　１回目と２回目の水を使った後の全体の重さの差は，最初に入っていた水の重さの何%ですか。

（２）　最初に入っていた水の重さを求めなさい。

（３）　容器の重さを求めなさい。

2022(R4) 如水館中
K 教英出版

2022(R4) 如水館中
K 教英出版

(1) How long did Ken stay at Bob's house?

1. Last year.
2. Two months ago.
3. For a month.
4. For two months.

(2) What did Bob tell Ken about during the stay?

1. Local food.
2. Canadian movies.
3. Culture in Canada.
4. His school life.

(3) Who took Ken to the movies?

1. Bob.
2. Bob's mother.
3. Bob's father.
4. A teacher in Canada.

(4) What is Bob studying at school?

1. Japanese culture.
2. Japanese history.
3. Performing arts.
4. Cooking.

(5) What does Bob want to do in the future?

1. Be a singer.
2. Work in Japan.
3. Study in Japan.
4. Be a teacher in Canada.

8 次のメールの内容について、以下の問いに対する答えとして最も適切なものを 1, 2, 3, 4 の中から一つ選び、番号で答えなさい。

From: Ken Yamanaka
To: Bob Smith
Date: December 15, 2021 18:00
Subject: Homestay in Canada

Hi Bob,

How are you? I returned to my school life in Japan. Last month, I stayed with you. It was really fun. During the one-month stay, I enjoyed the time with you and your family. You told me about your school life. Your mother cooked delicious Canadian food. Your father took us to a movie theater. I learned many things from everyone. I will never forget you.

Bye,
Ken

From: Bob Smith
To: Ken Yamanaka
Date: December 17, 2021 10:20
Subject: Re: Homestay in Canada

Hi Ken,

I am happy to know you had a good time with my family. It was a wonderful time for me, too.

I remember the days you were at home. You told us about Japanese culture, such as *kabuki*, *ukiyo-e* and *anime*. It was exciting.

I am learning about Japanese culture at school. I want to work in Japan in the future!

Thank you very much. I hope I can see you again!

Yours,
Bob

(1) When can you enjoy the special baseball game?

1. On March 6th.
2. On March 9th.
3. On March 11th.
4. On March 13th.

(2) How much does it cost to watch the special game?

1. It's free.
2. 500 yen.
3. 1,000 yen.
4. 1,500 yen.

(3) If you have 1,000 yen, how many photos can you take with the players?

1. 6 photos.
2. 7 photos.
3. 8 photos.
4. 9 photos.

(4) How can you contact the stadium staff?

1. By telephone.
2. By sending an e-mail.
3. By visiting there.
4. You can't.

2022(R4) 如水館中
K 教英出版

2022(R4) 如水館中
K 教英出版

問１　下線部①について,カブトムシなどこん虫の体のつくりについて以下の問いに答えなさい。

（１）こん虫は主に３つの部分で分かれていますが，それぞれの部分の名しょうを答えなさい。

（２）こん虫には足は何本ついていますか。また足は体のどの部分についていますか。

問２　下線部②・③について,それぞれの鳴き声をするセミの種類を答えなさい。

問３　下線部④に関して，以下のこん虫の中で，さなぎの時期がないこん虫はどれか。すべて選び，記号で答えなさい。

(ア)　アゲハ　　(イ)　コオロギ　　(ウ)　バッタ
(エ)　カマキリ　　(オ)　ハエ　　(カ)　テントウムシ

問４　こん虫に興味をもった次郎くんが，あるチョウの卵を1400個用意して,その卵が幼虫,さなぎ,成虫へと変化する数について下の表にまとめました。

時期	数
卵	1400 個
幼虫	612 個
さなぎ	208 個
成虫	70 個

（１）産卵数に対する成虫の生存率（生きている割合）は何%か。

（２）このチョウの種類が生き延びていくためには,メス１ぴきあたり少なくとも何個の卵を産む必要があるか。ただし,生き残るオスとメスの数の割合は１：１で,この割合は一生通じて変わらないものとする。

5 次の文章を読み（ ア ）～（ キ ）に適する語句を,下の①～⑧から選び記号で答えなさい。

地球上の生き物は,さまざまなかかわりをもって生活をしています。たとえば生き物と食物のかかわりでは,生き物はすべて植物からつながっています。植物は日光に当たると（ ア ）を作り,それを使って成長をしていきます。動物は自分で養分を作ることができないので,植物を食べることや，ほかの動物を食べて養分を取り入れます。特に植物を食べる動物を（ イ ）といい,ほかの動物を食べる動物を（ ウ ）といいます。このように生き物は食べる・食べられるという関係でつながっており,この関係を（ エ ）といいます。

また，生き物には空気や水のかかわりもあります。例えば,植物は日光に当たると（ オ ）を取り入れて,（ カ ）を出します。動物はその（ カ ）を利用して呼吸をしています。このように，人やほかの動物そして植物は空気を通して,おたがいにかかわりあって生きています。生き物と水のかかわりでは,例えば人は,体重の約（ キ ）%が水分といわれています。人やほかの動物,植物すべての生き物は水を取り入れないと生きていくことができません。このように,生き物は食物・空気・水など,さまざまなかかわりをもちながら生活をしているのです。

① 肉食動物　② 二酸化炭素　③ 酸素　④ 60～70　⑤ 10～20
⑥ デンプン　⑦ 食物連さ　⑧ 草食動物

6 次の対話を読み，各問いに答えなさい。

夏休みのある朝,太郎くんと次郎くんが二人でこん虫採取に出かけました。

太郎：「今日は山に行って①カブトムシをつかまえに行こう！」
次郎：「いいね！行こう！」
次郎：「山に登っているといろいろなこん虫の鳴き声が聞こえるね！」
太郎：「そうだね！例えば,今聞こえた②ジージリジリや③シャアシャアという鳴き声がするけれど,これはセミの鳴き声なんだ！」
次郎：「そうなんだ。同じセミの仲間でも,ちがった鳴き方をするんだね。」
太郎：「そうだよ。セミのよう虫は土の中で育って,暑くなると地上に出てきて成虫になるんだ。」
次郎：「知ってるよ！地上に出てきた幼虫は羽化をして成虫へとなるんだよね。」
太郎：「次郎くん,よく知っていたね。ちなみに今からつかまえに行くカブトムシにも羽化という時期があるんだ。」
次郎：「そうだよね。確か,カブトムシの場合は幼虫から成虫へと変化をするときに，さなぎの時期があるんだよね。」
太郎：「そうだよ。④その時期があるこん虫とないこん虫がいるんだ。」
次郎：「太郎くんあそこにカブトムシがいるよ。つかまえよう！」

4 図1のように,プラスチックのつつに，エナメル線を何回も同じ向きにまいたものをつくり実験しました。次の各問いに答えなさい。

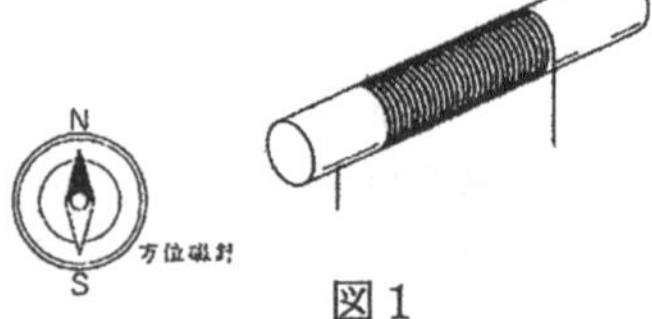

図1

実験1 つくったものに電池をつないで電流を流しました。
電池をつないだ状態で,方位磁針に近づけたら,針は少しふれました。

実験2 次に，このつつの中に鉄くぎを入れてエナメル線に電流を流しました。

実験3 次に鉄くぎの入ったつつをゼムクリップに近づけると，ゼムクリップは鉄くぎに引きつけられました。

問1 実験2で方位磁針の針のふれは,鉄くぎを入れた後ではどのようになりますか。次の（ア）～（ウ）から選び，記号で答えなさい。

（ア）ふれは変わらない　（イ）ふれが大きくなる　（ウ）ふれが小さくなる

問2 実験2のときの方位磁針の針は，N極側がつつ側に向いていました。つつに流れる電流の向きを反対にしたとき，つつ側に向いている方位磁針の針はどのようになりますか。次の（ア）～（ウ）から選び，記号で答えなさい。

（ア）S極になる　（イ）N極のままになる　（ウ）N極とS極が交ごになる

問3 実験3について，エナメル線のまき数と電池の数を変えた場合，どの場合が一番多くゼムクリップをつけることができますか。次の（ア）～（エ）から選び，記号で答えなさい。

（ア）まき数を2倍に増やし，電池は1個にする
（イ）まき数はそのままにして，電池は2個直列につなぐ
（ウ）まき数を2倍に増やし，電池は2個直列につなぐ
（エ）まき数を3倍に増やし，電池は1個にする

2022(R4) 如水館中
K 教英出版

2022(R4) 如水館中
K 教英出版

(5)　②の1970年代に、水鳥をはじめとして多くの生物がすむ重要な湿地を国際的に登録して守っていく条約が採択されます。この条約を何といいますか。㋐～㋓の中から選び、記号で答えなさい。

㋐　生物多様性条約　　㋑　ワシントン条約　　㋒　ウィーン条約　　㋓　ラムサール条約

(6)　③の裁判について、正しいものを㋐～㋓の中から選び、記号で答えなさい。

㋐　裁判で訴えられた人を原告という
㋑　上級裁判所の種類として、最高裁判所と弾劾裁判所の２つがある
㋒　裁判はプライバシーを守るため、非公開が原則である
㋓　裁判を慎重に行い、あやまりがないようにするため、三審制をとっている

4 次のA～Fの文章を読んで、あとの問に答えなさい。

A 紀伊（**和歌山県**）の藩主であった徳川吉宗は、８代将軍となり、享保の改革をすすめた。

B 鎌倉幕府（**神奈川県**）は、徳政令を出して、売ったり質流れしたりした土地を、もとの持ち主にただで返させようとした。

C 大宝律令がつくられた。地方では、国には国司、郡には郡司、里には里長をおいて支配した。九州北部には大宰府(**福岡県**)という役所をおいた。

D 足利尊氏は、北朝から征夷大将軍に任じられ、京都（**京都府**）に幕府を開いた。一方、後醍醐天皇は吉野(**奈良県**)にのがれた。

E 日清戦争は日本の勝利に終わり、①1895年下関（**山口県**）で講和会議が開かれた。

F ②1970年代、**新潟県**の新潟水俣病、**三重県**の四日市ぜんそく、**富山県**のイタイイタイ病、**熊本県**の水俣病の四大公害③裁判で、住民側が勝訴した。

(1) A～Dを古い順に並びかえなさい。

(2) A～Fの中にでてくる10の府県(太字)の中で、海に接していない府県を答えなさい。

(3) 次の内容にあてはまる府県を、A～Fの中にでてくる10の府県(太字)から選び、答えなさい。

・府県庁所在地が本州では一番南に位置しています
・みかんの生産地として有名です
・高野山金剛峯寺や熊野古道は世界文化遺産になっています

(4) ①の1895年以降におきたできごとである、次の㋐～㋓を古い順に並びかえなさい。

㋐ 沖縄が日本に復帰する
㋑ 世界恐慌がおこる
㋒ 日英同盟を結ぶ
㋓ サンフランシスコ平和条約を結ぶ

2022(R4) 如水館中
K 教英出版

(5)　下線部⑤の物価変動について、物価が継続(けいぞく)的に下落し、通貨の価値が上がる現象を何といいますか。

(6)　下線部⑥の世界遺産について、世界的に貴重な建物や自然などを登録し保護する活動をしている機関の名前を、次の㋐～㋓の中から選び、記号で答えなさい。

㋐　国連教育科学文化機関　　㋑　国連児童基金　　㋒　世界保健機関　　㋓　国際通貨基金

(1)　下線部①の英国は2020年1月31日に下の旗をシンボルとする組織から正式に離脱しました。この組織の名称を答えなさい。

(2)　下線部②の通常国会（常会）の会期として正しいものを㋐～㋓の中から選び、記号で答えなさい。

㋐　50日　　　㋑　100日　　　㋒　150日　　　㋓　200日

(3)　下線部③のように地方公共団体の住民がもつ、一定の署名を集めることで様々なことを地方公共団体の機関に請求（せいきゅう）することができる権利を何といいますか。

(4)　下線部④の温室効果ガスについて、下のグラフは温室効果ガスの種類別の割合をあらわしたものです。グラフ中の㋐に当てはまるものを答えなさい。

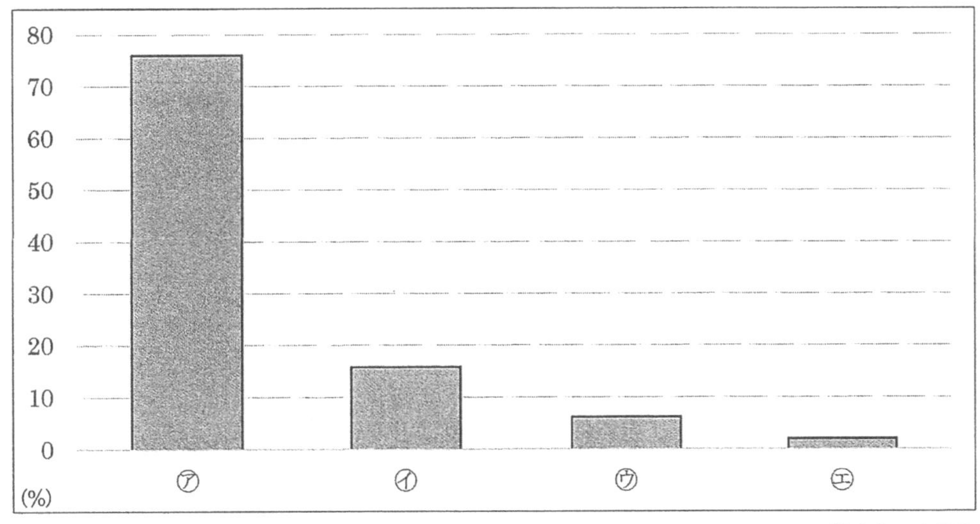

【気象庁HPを参照】

3　次の表は 2021 年の１月から７月までに起こった主な出来事をまとめたものです。表を見て、あとの問いに答えなさい。

月	主なできごと
1月	日本と①英国の経済連携協定（ＥＰＡ）が発効した。 ②通常国会が召集され、菅義偉首相が就任後初の施政方針演説を行った。
2月	愛知県の大村秀章知事の③解職請求（リコール）を目指した署名活動をめぐり、署名の８割超で不正が見つかったとして、県選挙管理委員会は地方自治法違反の疑いで県警に刑事告発した。
3月	2021 年度予算が成立した。一般会計総額が 106 兆 6097 億円と過去最大。新型コロナウイルスの感染拡大に対応するための予備費５兆円を計上し、９年連続で過去最大を更新した。
4月	菅義偉首相は、米国が主催するオンライン形式での気候変動サミット（首脳会議）で演説し、2030 年度の④温室効果ガス削減目標を現行の「13 年度比 26%減」から「同 46%減」に大幅に引き上げる方針を表明した。
5月	内閣府は、2021 年１～３月期の国内総生産（GDP、季節調整済み）速報値を発表した。⑤物価変動の影響を除いた実質で前期比 1.3%減となった。
6月	ロンドンで４日から開かれていた先進７カ国（G7）財務相会議は、共同声明を採択して閉幕した。会議では、国境を越えて活動する巨大 IT 企業などの税逃れを防ぐ新たな国際課税ルールについて合意。声明に、法人税の最低税率を 15%以上にすることを明記した。
7月	新型コロナウイルスの影響で、１年延期された東京五輪が開幕した。1964 年以来２度目の開催となる。 ⑥世界遺産委員会は、「奄美大島、徳之島、沖縄島北部および西表島」（鹿児島、沖縄両県）を世界自然遺産に登録することを決めた。

二

問一

30

20

問二

問三

問四

問五 a b

問六 段落

問七

三 ① ② ③ ④ ⑤

四 ① 利（　） ②（　）夜 ③ 寒（　） ④ 出（　） ⑤ 断（　）

五 ① ② ③ ④ ⑤

如水館中学校　令和４年度　入学試験

※100点満点
（配点非公表）

算数　解答用紙

受験番号	

※単位が必要な場合には必ず単位を記入すること

1

（1）	（2）	（3）
（4）	（5）	（6）

2

（1）	（2）	（3）

【解答用

令和４年度　如水館中学校　入学試験

英語　解答用紙

受験番号	

【リスニング問題】

1	No.1		No.2		No.3		No.4		No.5	

2	No.1		No.2		No.3	

3	①		②	
	③		④	

【筆記問題】

※50点満点
（配点非公表）

中学理科　解答用紙

受験番号	

点

1

A	B	C	D	E

2

問1	問2	問3	問4
問5			

3

問1	問2

如水館中学校　令和４年度　入学試験

※50点満点
（配点非公表）

社会　解答用紙

受験番号	

1

(1)	(2)	(3)
(4)　　　県	(5)	(6)

2

I (1)	(2)	
II		

【解答用

2022(R4) 如水館中
K 教英出版

(1) 会話文中の［　　　］にあてはまる数を答えなさい。

(2) 80万人の中から３人の代表者を決めるために選挙を行ったところ，この選挙に４人が立候補し，80万人全員が必ず１人１票ずつ投票しました。結果を予測するために，よく混ぜたうえで，その中から8000票を取り出して調べるとき，8000票のうち何票取れていれば「当選確実」だといえますか。下線部「よく混ざった状態で全部の票からいくつか取り出して，その割合を調べれば全体の票の割合がわかる」を参考にして答えなさい。また，その求め方を，式を使って説明しなさい。

6 たかしさんは，昨年の衆議院議員総選挙で「当選確実」が報道されることに疑問をもち，調べてみました。

たかし：2か月ほど前に衆議院議員総選挙がありました。選挙速報のテレビ番組を見ていると，開票率が数%なのに，次々に「当選確実」が報道されていました。なぜ，こんなことが可能なのでしょうか。

先　生：では，今日は「当選確実」のしくみについて考えてみましょう。たとえば，30人の児童がいるクラスの中から2人の代表者を選挙で選ぶとします。簡単に考えるために，ここでは3人が立候補したとします。このとき，最低何票獲得すれば確実に当選するといえるでしょうか。

たかし：立候補した人もふくめて，1人1票ずつ投票すると考えればよいですね。

先　生：はい。

たかし：半分以上あれば確実だから，30 ÷ 2 = 15 で，15票だと思います。

さくら：それはちがうと思うわ。確かに，15票あれば確実だけど，たとえば，立候補者Aが13票だったとき，残りが 30 − 13 = 17 だから，この17票を立候補者Bと立候補者Cでどのように分けたとしても，立候補者Aは確実に当選するわ。先生は「最低」何票必要かって質問したのよ……。

たかし：確かにそうだね。どうしたらいいんだろう……。

先　生：では，3人とも同じ票ずつだった場合はどうでしょうか。

たかし：それなら，30 ÷ 3 = 10 で，10票ずつです。あっ，そうか。わかりました。先ほどの先生の質問ですが，最低［　　］票あれば確実だといえます。

先　生：正解です。全体の3分の1より多く取れば当選が確実になるわけです。では，これをもとにして選挙速報について考えてみましょう。実は，選挙速報は，いくつか開票した結果から全体の票数を予測する「母集団推定」とよばれる方法を利用しています。

さくら：「母集団推定」ですか。そんなことをしてもよいのですか。

先　生：よく混ざっている状態なら大丈夫です。みそ汁で考えればわかりやすいですよ。みそ汁の塩加減をみるとき，よく混ぜてからお玉で少しすくって確かめますね。その塩加減が鍋の中のみそ汁の塩加減と同じだと考えるわけです。

たかし：確かに，味見をするのに鍋の中のみそ汁をすべて飲み干すことはしません。

さくら：つまり，<u>よく混ざった状態で全部の票からいくつか取り出して，その割合を調べれば全体の票の割合がわかる</u>ということですね。

先　生：その通りです。実際には出口調査などの情報で，もっと正確に，かつ素早く予測できます。では，実際にやってみましょう。

5 まことさんは，にわとりのたまごを使って，４つの実験を行いました。

【実験内容と結果】

実験１　たまごの白身を取り出し，濃(こ)い水酸化ナトリウム水よう液を加えて加熱したところ，①アンモニアが発生した。

実験２　たまごを酢(す)にひたして48時間放置したところ，たまごのまわりで②二酸化炭素が発生して，たまごのからがとけた。

実験３　５～20%の濃さの食塩水にたまごを入れたところ，次のような結果になった。

食塩水	５%	10%	20%
たまごのようす	しずむ	しずむ	うく

実験４　20%食塩水と食用油を250ｇずつ入れて混ぜたところ，③食塩水と油は分かれた。そこで，その中にたまごの黄身を入れてよく混ぜたところ，④食塩水と油が均一になった。

(1)　下線部①「アンモニア」について，まことさんはどのような特ちょうから，発生した気体がアンモニアだとわかりましたか。アンモニアだと特定できる特ちょうを３つ書きなさい。

(2)　下線部②「二酸化炭素」について，あなたがまことさんなら，発生した気体が本当に二酸化炭素かどうかを，どのような方法で調べますか。その方法を順を追って説明しなさい。

(3)　下線部③「食塩水と油は分かれた」とありますが，これは右の図のような状態です。この中に，たまごを割(わ)らずにそっと入れると，たまごはどの位置で止まると判断できますか。解答らんの図に，たまごをかき入れなさい。

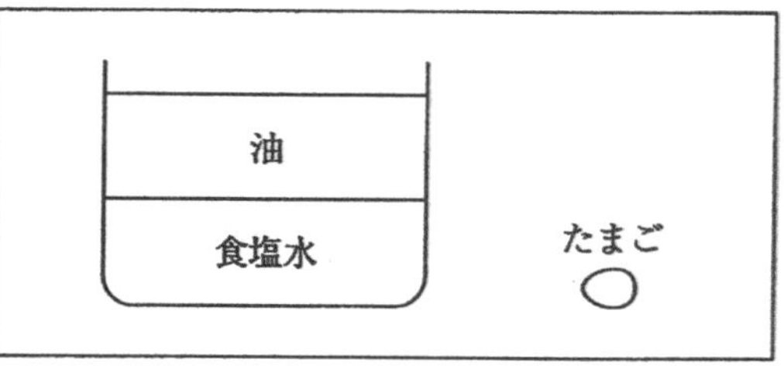

(4)　下線部④「食塩水と油が均一になった」とありますが，この原理を用いてつくられている調味料を１つ答えなさい。

3 日本の貿易について調べるために，２つの円グラフを用意しました。【図１】は，1960年と2020年の日本の主要輸出品と輸出総額をまとめたもので，【図２】は，同じく1960年と2020年の日本の主要輸入品と輸入総額をまとめたものです。これらをもとにして，日本の貿易が60年間でどのように変わったのかを，「軽工業」「重工業」という語を用いて，くわしく説明しなさい。

【図１】1960年と2020年の日本の主要輸出品と輸出総額

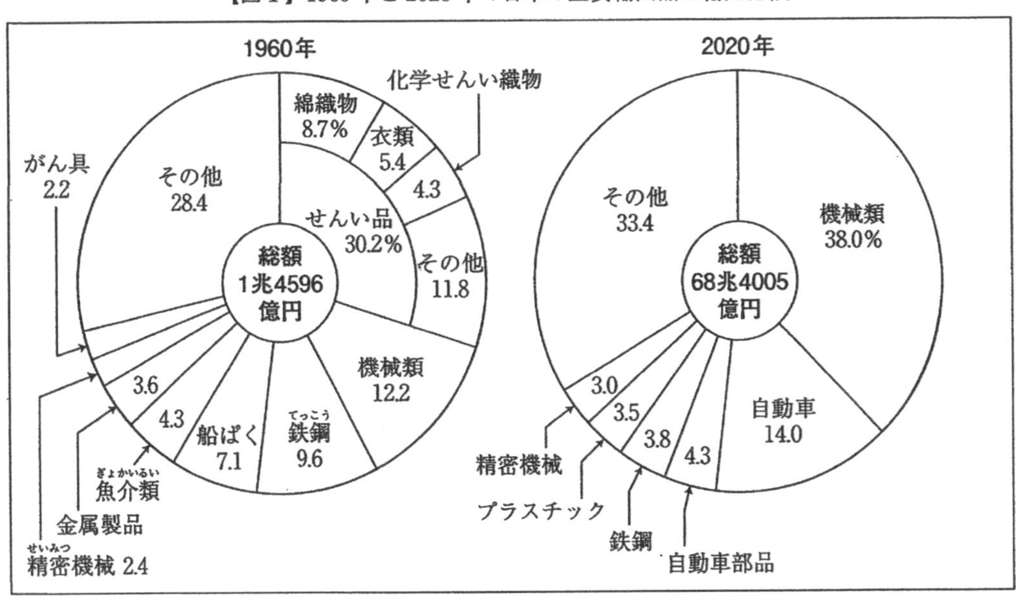

【図２】1960年と2020年の日本の主要輸入品と輸入総額

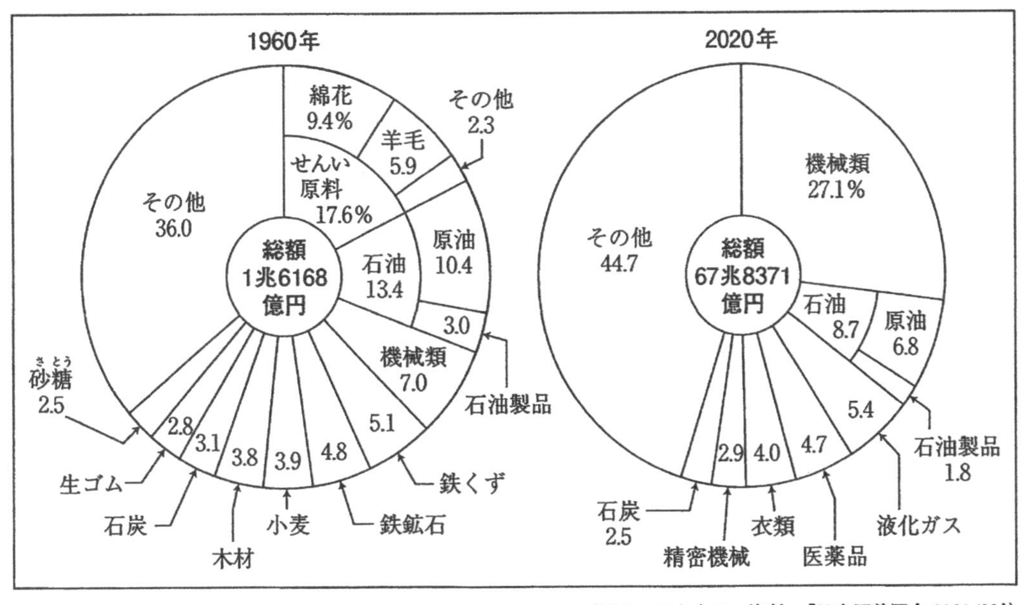

（図１～２ともに，資料：『日本国勢図会 2021/22』）

2 洋平くんは，冬休みに「戦国時代の戦いの様子」について調べました。【図１】は，1570年に起きた姉川の戦いのようすを示したものです。織田信長・徳川家康連合軍（左）と，浅井・浅倉同盟軍（右）が，現在の滋賀県北部を流れる姉川で戦い，連合軍が勝ちました。また，【図２】は，社会科の教科書に載っていた図です。

【図１】姉川の戦い（1570年）

（福井県立歴史博物館蔵）

【図２】長篠の戦い（1575年）

（東京書籍『新しい社会６（歴史編）』，徳川美術館蔵）

あなたが洋平くんなら，図１・２を用い，どのようにまとめますか。社会科の授業で学習したことをふまえながら，姉川の戦いと長篠の戦いのちがいがよくわかるように，125字以上150字以内で書きなさい。

如水館中学校　令和４年度入学試験　※100点満点（配点非公表）

適性検査Ⅰ 解答用紙（表面）

受験番号	

※ 単位が必要な場合には必ず単位を記入すること。

※ 3, 4, 5, 6 の解答らんは裏面にあります。

1

(1)	A ・ B	
	理由	
(2)		

2022(R4) 如水館中

教英出版

5

<table>
<tr><td>(1)</td><td></td></tr>
<tr><td>(2)</td><td></td></tr>
<tr><td>(3)</td><td></td></tr>
<tr><td>(4)</td><td></td></tr>
</table>

6

<table>
<tr><td>(1)</td><td>最低　　　　　　票</td></tr>
<tr><td rowspan="2">(2)</td><td>票</td></tr>
<tr><td>説明</td></tr>
</table>

2

3

如水館中学校　令和四年度入学試験　適性検査Ⅱ　解答用紙

※すべてたて書きで書きなさい。

※100点満点
（配点非公表）

受験番号

1

5
10
15
20
25

250
300

如水館中学校　令和４年度入学試験

適性検査Ⅰ 解答用紙（裏面）

受験番号	

3

(1)	①	明期　・　暗期	②	長く　・　短く
(2)	条件A	できる　・　できない	条件B	できる　・　できない
(3)	午前　・　午後　　時　　分			

4

図２

図３

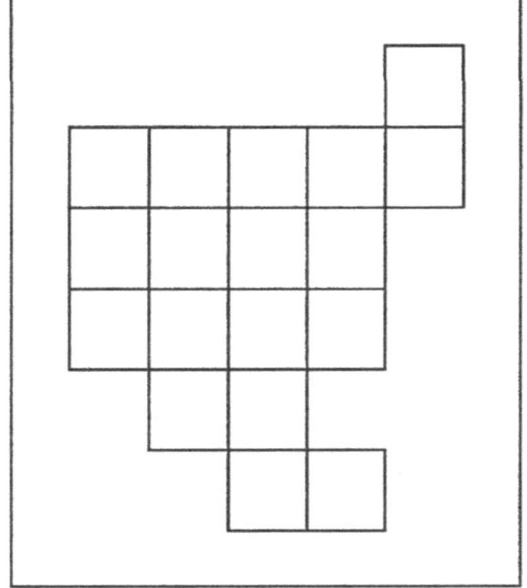

2

(1)	①	②
(2)		
(3)		

1 だいちさんは図書館に行き，次のような文章を見つけました。

皆さんもよくご存じのように先進諸国は，生産力が上がれば人々は豊かになれるのだから，生産力を上げることを目標とする国家をつくるべきだ，ということで，みな必死で産業国家をつくり，結果として地球をずいぶん傷つけてしまいました。

とくに日本は，世界最初の「公害王国」でした。工場の廃水で海はドロドロになり，川には魚が住めなくなりました。「産業を発展させるためには，ある程度の環境汚染は仕方ない」という考え方でやってきたわけですが，そのために水俣病やイタイイタイ病などの公害病が生まれ，人々が苦しめられることになったのです。言ってみれば，先進諸国は，地球という星のあちこちに，ガン細胞を植えつけてきたようなものです。（中略）

膨大なエネルギーを使って大量生産し，それを消費してどんどん捨てていけば，たしかに経済は回ります。そういう論理でやってきたわけですが，今後もそれを続けていれば，地球の多様な生命の共存と存続が危うくなります。早急に，できるだけ少ないエネルギーで必要なものだけをつくり，廃棄物をなくす生活に切り替えなくてはいけません。

原料や燃料を運んで工場で大量に物をつくり，出来上がった物をまた各地に運ぶという行為には，膨大なエネルギーが使われています。でも，それぞれの家でできるものを手づくりすれば，エネルギー消費はうんと少なくて済むのです。

もう一度，手づくりの世界を見直すべきではないでしょうか。たとえば，野菜でも，自分たちが食べる分だけは自分でつくるようにすれば，生産や流通に使われるエネルギーがだいぶ減りますし，大量生産のために使われる農薬や人工肥料に頼ることなく，健康な農業が可能になります。少なくとも自分たちの食べる野菜や果物は，無農薬や化学肥料なしでつくりたいものですし，それは可能なのです。

昔はみんな，今ほどお金はありませんでしたが，それなりに幸せに生きていました。多くのものを手づくりし，お互いに支え合っていたから，お金はそれほど必要ではなかったのです。お金がたくさんあり，何でも買えれば幸せであるとは限りません。

できるだけ資源を無駄遣いせず，必要なものだけつくる。そして，環境には徹底的に配慮する生活。その実現をまじめに考えなければいけない時代ではないかと思います。

（汐見稔幸『人生を豊かにする学び方』ちくまプリマー新書による）

この文章を読んで，あなたはどのようなことを考え，具体的に，どのようなことに取り組んでいこうと思いましたか。中学入学後の日々の生活とも関連づけて，あなたの考えや取り組みを，250字以上300字以内で書きなさい。

如水館中学校

令和４年度入学試験

適性検査Ⅱ

（50分）

注　　意

1　試験開始のチャイムが鳴るまで開いてはいけません。
2　問題用紙は３ページあり，問題は［1］から［3］まであります。これとは別に，解答用紙が１枚あります。
3　解答用紙には受験番号のみを書きなさい。
4　答えはすべて解答用紙に記入しなさい。

4 ゆうこさんは，立方体の展開図(てんかいず)をいくつかくっつけた図をかきました。たとえば，図１は，２個の立方体の展開図をくっつけたもので，太線（━━━）を切り取って，それらを組み立てれば，２個の立方体が出来上がります。では，図２から２個の立方体が，図３から３個の立方体がそれぞれ作れるように，解答らんの図に，切り取り線を太線（━━━）でていねいにかきなさい。

【図１】

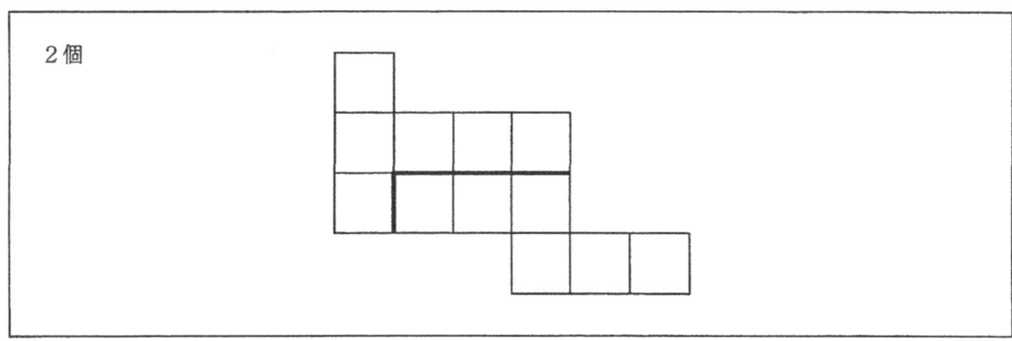

【図２】

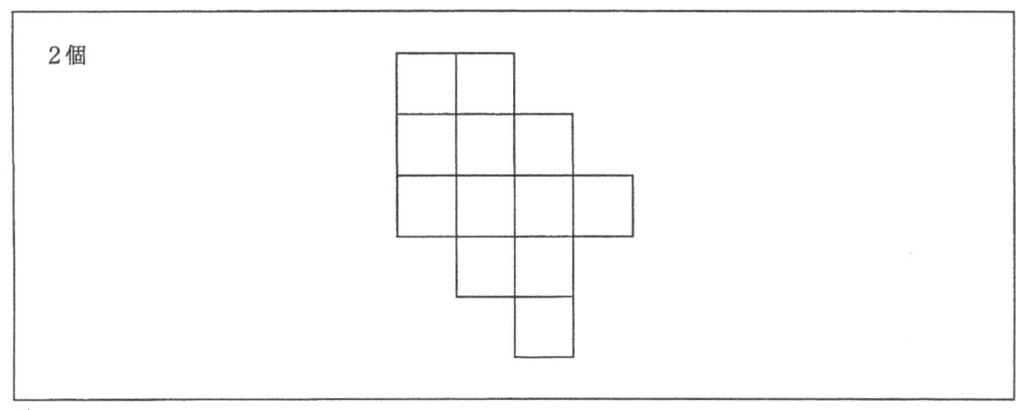

【図３】

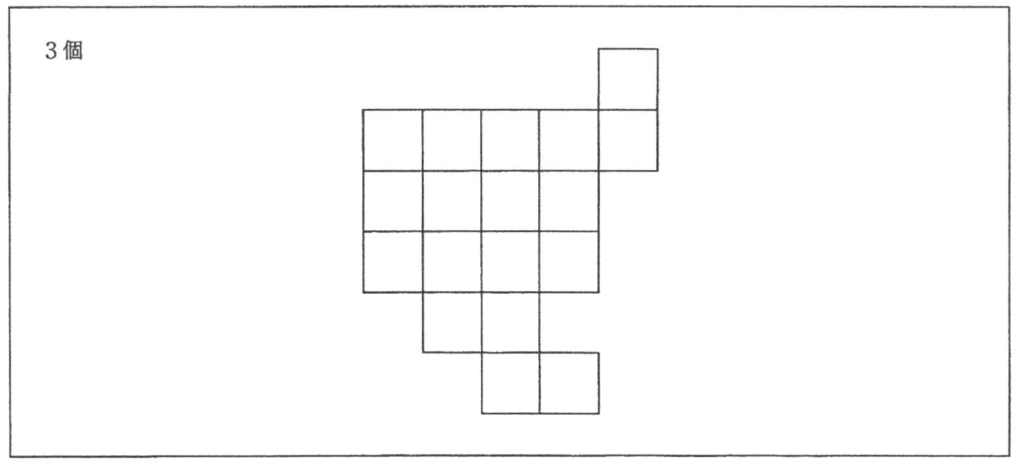

(1) 実験結果をもとにして，アサガオがつぼみをつけるしくみを次のようにまとめました。[①]には「明期」「暗期」のどちらかが，[②]には「長く」「短く」のどちらかがあてはまります。解答らんのどちらかにそれぞれ○をして答えなさい。なお，[①]には共通の語があてはまります。

> アサガオがつぼみをつけるには，連続した[①]の長さが必要で，[①]が，ある時間よりも[②]なるとつぼみができる。

(2) 次のA・Bのような条件でアサガオを育てたとき，つぼみはできると判断できますか。それとも，できないと判断できますか。実験結果をもとに判断し，解答らんのどちらかにそれぞれ○をして答えなさい。

条件A　6時間の明期の後に6時間の暗期，さらに6時間の明期の後に6時間の暗期という周期

条件B　12時間の明期開始後に1時間たったところで5分間の暗期をはさみ，その後，12時間の暗期開始1時間後に5分間の明期をはさむという周期

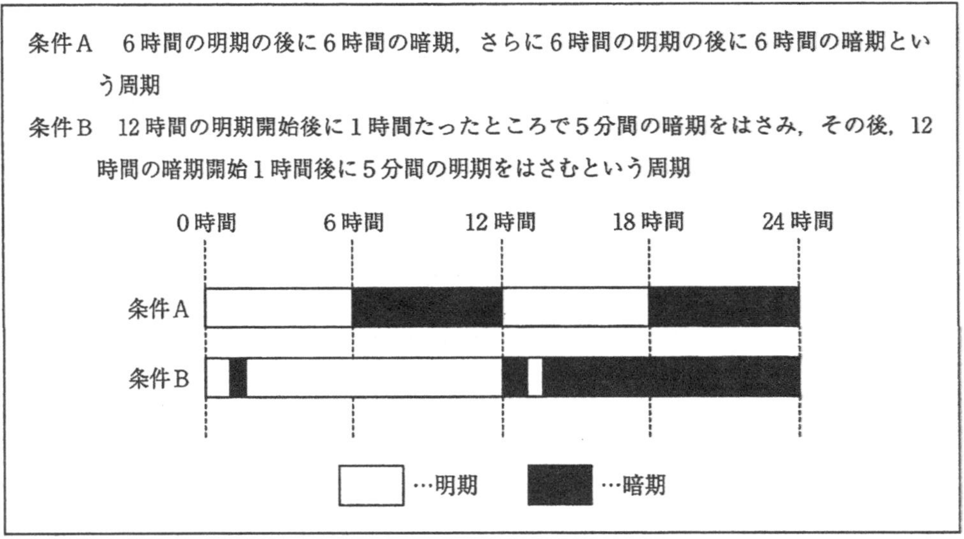

(3) つぼみをつけたアサガオを，午前7時15分から午後8時45分まで明期，午後8時45分から翌朝7時15分まで暗期の周期におくと，何時何分に開花が始まると考えられますか。解答らんの「午前」「午後」のどちらかに○をして，開花時刻を答えなさい。なお，明暗の周期以外の温度などの条件は，アサガオの生育に最も適した条件にしました。

3 こういちさんは，アサガオの開花について調べるため，２つの実験を行いました。

【実験１】

複数のアサガオの苗を次のような条件で，箱に入れて光を当てないようにしたり（これを「暗期」という），ライトの光を当てたり（これを「明期」という）することで，人工的に昼と夜の時間をいろいろに変えて（明暗周期），花のつぼみができるかどうかを調べた。なお，明暗の周期以外の温度などの条件は，アサガオの生育に最も適した条件にした。

条件１　連続８時間の明期の後，連続16時間の暗期という周期で育てたら，つぼみができた。

条件２　連続14時間の明期の後，連続10時間の暗期という周期で育てたら，つぼみができた。

条件３　連続16時間の明期の後，連続８時間の暗期という周期で育てたら，つぼみができなかった。

条件４　連続８時間の明期の後，連続８時間の暗期，さらに５分間の明期，最後に７時間55分の暗期という周期で育てたら，つぼみができなかった。

条件５　連続８時間の明期の後，５分間の暗期，さらに７時間55分の明期，最後に８時間の暗期という周期で育てたら，つぼみができなかった。

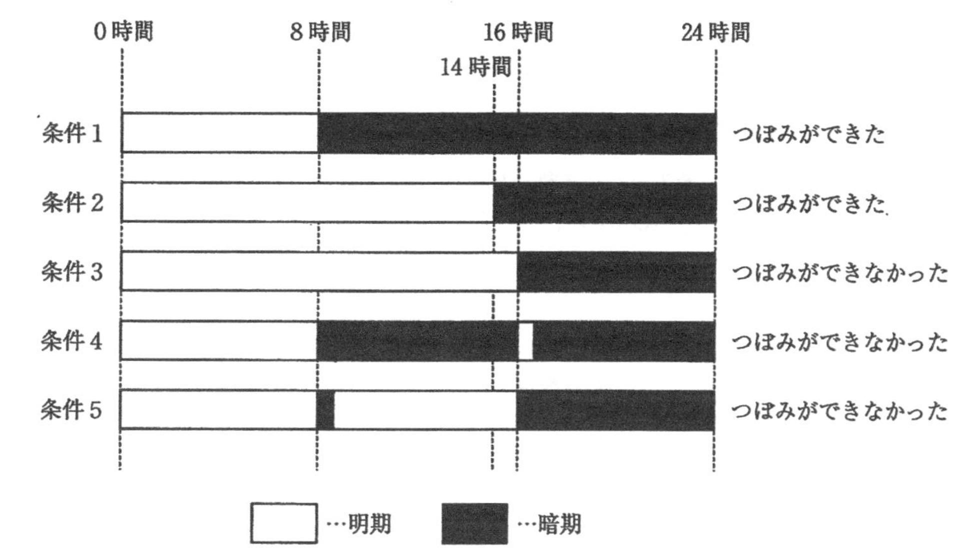

【実験２】

つぼみをつけたアサガオをさまざまな明暗周期の条件下で生育させて，開花時刻を調べた。その結果，一日当たりの連続明期が６～11時間のときは，明期開始後20時間目に花が咲き始めた。ところが，一日当たりの連続明期が11時間よりも長くなると，今度は暗期開始後10時間目に花が咲き始めた。なお，暗期をあたえず，一日中ライトを当てて明期にすると，開花することなくつぼみのまましおれてしまった。

2 まことさんとひかるさんは，次の図のようなます目を使って，１個のさいころを２回投げて，その目の出方によって，[　　　]の決まりにしたがって，こまが移動するゲームを考えました。

【図】

【決まり】

1回目に出た目の数だけ右に，２回目に出た目の数だけ左に進む。

このゲームは，はじめ，こまが★の地点にあるんだね。ということは，たとえば，１回目にさいころを投げて３の目が出て，２回目に５の目が出たとき，こまは，はじめの★の地点から[①]に[②]ます移動することになるね。

確かにそうね。このゲームについていろいろ調べてみると，<u>★の地点から最も遠くに移動するさいころの目の出方は，全部で２通りある</u>ことがわかるわ。

(1) 会話文中の[①]・[②]にあてはまる言葉や数をそれぞれ答えなさい。なお，[①]には「右」「左」のどちらかが，[②]には数があてはまります。

(2) 下線部「★の地点から最も遠くに移動するさいころの目の出方は，全部で２通りある」とありますが，その根拠(こんきょ)を順を追って説明しなさい。

(3) このゲームでは，さいころを２回投げたあと，どのますにいることが最も多いですか。根拠を示して，その地点を答えなさい。

1 まこととさんとひかるさんは，次の図のように，大きな水そうの中に，砂を入れた皿と水を入れた皿，つるした電球，火のついた線香を入れて，風のふき方を調べる実験を行いました。

【図】

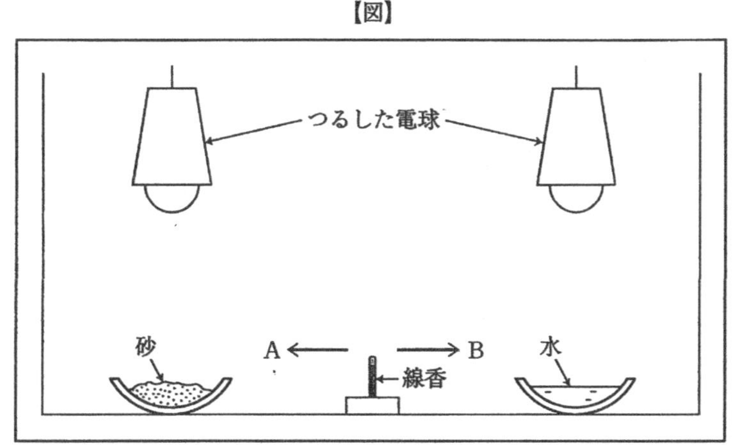

砂と水では，砂のほうがあたたまりやすいよね。砂は陸地，水は海に置きかえることができるから，火のついた線香を入れて，そのけむりの動きを調べるんだね。

砂と水では，水のほうが冷めにくいから，この実験で電球を消すと，砂が先に冷えていくわよ。

この実験を地球に置きかえると，海岸付近では，朝方と夕方で風の向きが入れかわることがわかるよ。「なぎ」は，陸上と海上の空気の温度が同じになるときの一時無風状態をいうんだ。

(1) この実験で，電球をつけてからしばらくすると，線香のけむりは図のAとBのどちらの向きに移動しますか。解答らんのどちらかに○をして，そのようにけむりが移動する理由を書きなさい。

(2) この実験をふまえて，天気のよい日の海岸付近で海から風がふくのはいつごろだと判断できますか。次のア～エの中から，最も適当なものを１つ選び，記号で答えなさい。

ア　朝方　　イ　昼ごろ　　ウ　夕方　　エ　夜間

如 水 館 中 学 校

令和４年度入学試験

適 性 検 査 Ⅰ

（50分）

注　　意

1　試験開始のチャイムが鳴るまで開いてはいけません。
2　問題用紙は８ページあり，問題は 1 から 6 まであります。これとは別に，解答用紙が１枚あります。
3　解答用紙には受験番号のみを書きなさい。
4　答えはすべて解答用紙に記入しなさい。

III

(1)	(2)

3

(1)	(2)	(3)
(4)	(5)	(6)

4

(1) → → →	(2)	(3)
(4) → → →	(5)	(6)

問 1	問 2	問 3

5

ア	イ	ウ	エ
オ	カ	キ	

6

問 1 （1）			
（2） 足の本数 本	体の部分	問 2 ②	③
問 3	問 4 （1） %	（2） 個	

5	(1)		(2)		(3)		(4)		(5)	

6													
(1)	2番目		4番目		(2)	2番目		4番目		(3)	2番目		4番目
(4)	2番目		4番目		(5)	2番目		4番目					

7	(1)		(2)		(3)		(4)	

8	(1)		(2)		(3)		(4)		(5)	

総　点

※100点満点
（配点非公表）

3

(1)	(2) ①
(2) ②	(3)

4

(1)	(2)	(3)

5

(1)	(2)	(3)

6

(1)	(2)	(3) ㋐ ㋑ ㋒

如水館中学校　令和四年度入学試験　解答用紙

国語

受験番号

※100点満点
（配点非公表）

一

問一　20

問二

問三　a　b

問四　A　B

問五

問六　20　40

問七

1 次の世界地図・日本地図・資料Ⅰ・Ⅱを見て、問いに答えなさい。

【世界地図】

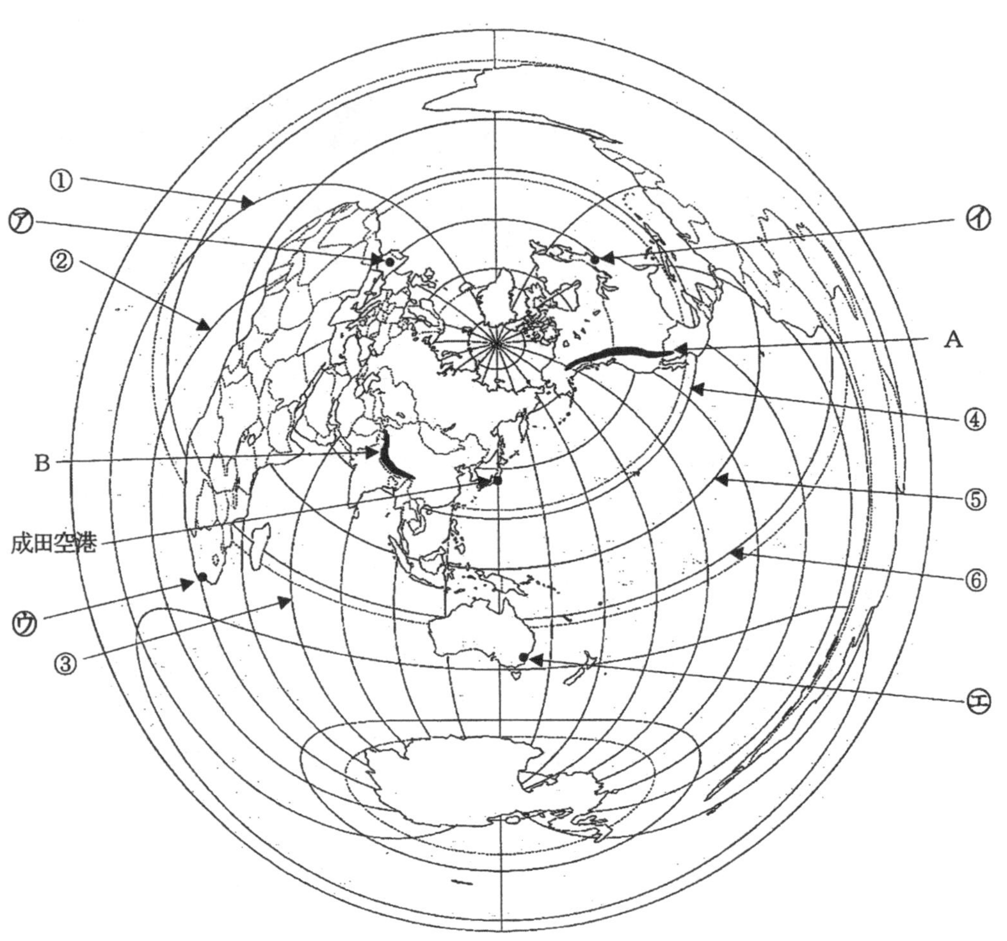

【日本地図】

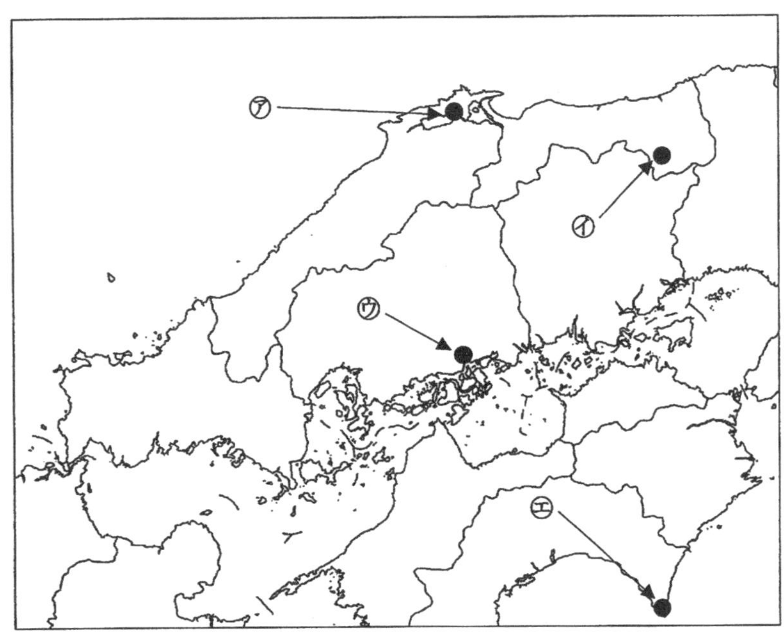

【資料Ⅰ】

年平均気温：16.7℃　年降水量：2326.1㎜　統計期間：1981〜2010年

	1月	2月	3月	4月	5月	6月	7月	8月	9月	10月	11月	12月
最高気温（℃）	10.5	11.1	13.8	18.1	21.3	23.7	27.3	28.7	26.3	21.9	17.5	12.9
平均気温（℃）	7.5	7.9	10.6	15.0	18.5	21.4	24.8	26.1	23.8	19.4	14.9	10.1
最低気温（℃）	4.8	5.1	7.8	12.4	16.3	19.5	23.0	24.1	21.8	17.3	12.5	7.6
降水量（㎜）	88.6	111.6	177.8	200.7	247.0	300.6	256.2	205.6	297.1	202.3	167.8	70.8

【資料Ⅱ】

	人口密度（人/㎢）2019年	農業産出額（億円）2018年	果実（億円）2018年	野菜（億円）2018年	工業生産出荷額（億円）2017年
広島	335	1,187	165	234	102,356
ⓐ	101	1,170	114	745	5,919
香川	526	871	64	234	26,106
山口	226	654	43	158	61,307
ⓑ	269	1,401	245	214	76,409
徳島	181	981	93	371	17,935
ⓒ	243	1,233	530	201	42,008
島根	102	612	37	99	11,841
ⓓ	161	743	70	211	8,102

【気象庁データより作成】

(1)　世界地図中のA・Bの山脈の組合せとして正しいものを㋐～㋓より選び、記号で答えなさい。

㋐　A：ロッキー山脈　　　B：アンデス山脈
㋑　A：ロッキー山脈　　　B：ヒマラヤ山脈
㋒　A：アンデス山脈　　　B：ヒマラヤ山脈
㋓　A：アンデス山脈　　　B：ロッキー山脈

(2)　世界地図中の①～③の線のうち１本は本初子午線をしめしており、④～⑥の線のうち１本は赤道をしめしています。本初子午線と赤道の組合せとして正しいものを㋐～㋘より選び、記号で答えなさい。

㋐　本初子午線：①　　赤道：④
㋑　本初子午線：①　　赤道：⑤
㋒　本初子午線：①　　赤道：⑥
㋓　本初子午線：②　　赤道：④
㋔　本初子午線：②　　赤道：⑤
㋕　本初子午線：②　　赤道：⑥
㋖　本初子午線：③　　赤道：④
㋗　本初子午線：③　　赤道：⑤
㋘　本初子午線：③　　赤道：⑥

(3)　世界地図中の成田空港から、もっとも近い都市はどれになりますか。㋐～㋓より選び、記号で答えなさい。

(4)　中国・四国地方の県の中で、県名と県庁所在地名が違う県はいくつありますか。

(5)　資料Ⅰの統計データがしめす場所はどこですか。日本地図中の㋐～㋓より選び、記号で答えなさい。

(6)　資料Ⅱは中国・四国地方の各県における統計資料です。愛媛県にあてはまるものをⓐ～ⓓより選び、記号で答えなさい。

2 次のⅠ・Ⅱ・Ⅲの問いに答えなさい。

Ⅰ 次の文を読んで、あとの問いに答えなさい。

「 古墳がつくられはじめたころから、朝鮮半島や中国から日本に移り住む渡来人(とらいじん)が増えました。渡来人たちは、はた織りや土器づくり、かじ、土木・建築などの進んだ技術や、紙・筆のつくり方、漢字や（ A ）などの新しい文化を伝えました。大和朝廷は、渡来人を朝廷のだいじな役につけ、国内の技術や文化を高めていきました。また、（ B ）のように、渡来人との結びつきを強めて、大きな力をもつ豪族も出てきました。 」

(1) 上の文中の（ A ）・（ B ）に入る語句の組み合わせとして、正しいものを㋐～㋓の中から選び、記号で答えなさい。

㋐ （ A ） 米作り （ B ）平氏
㋑ （ A ） 米作り （ B ）蘇我氏
㋒ （ A ） 仏教 （ B ）平氏
㋓ （ A ） 仏教 （ B ）蘇我氏

(2) 上の文中の下線部について、古墳にならべられたり、ひつぎの中におさめられたりしたものとして、間違っているものを㋐～㋓の中から選び、記号で答えなさい。

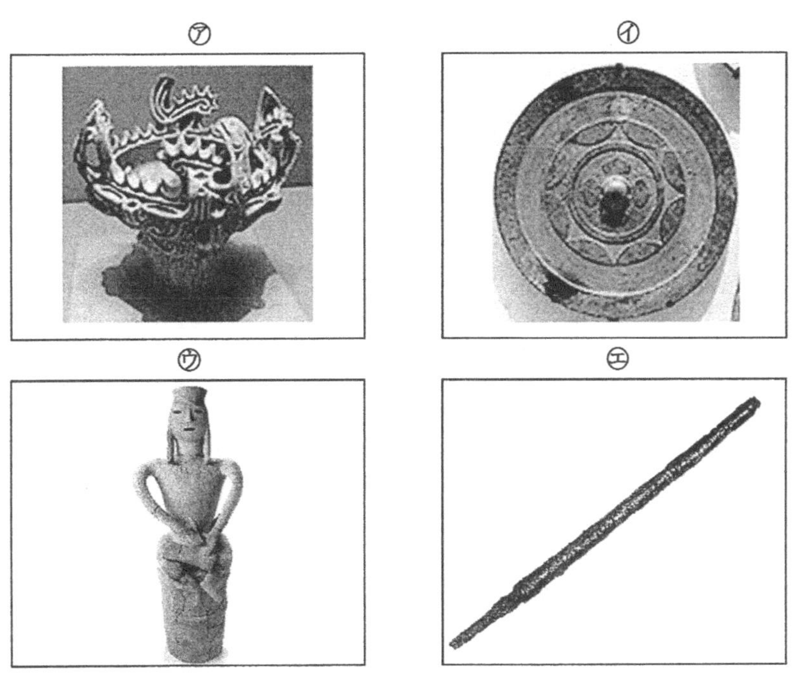

Ⅱ　次の文を読んで、あとの問いに答えなさい。

「　御家人となった武士は、(x)将軍から先祖代々の領地や自分が開発した領地の支配を認めてもらったり、戦いで手がらを立てて新しく領地をもらったりしました。これを（　A　）といいます。そのかわり、(y)戦いがおこれば、一族をひきいて将軍のもとにかけつけ、命がけで働きました。これを（　B　）といいます。鎌倉幕府は、こうした（　A　）と（　B　）という将軍と御家人の強い結びつきによって成り立っていました。　」

(1)　上の文中の（　A　）・（　B　）に入る語句の組み合わせとして、正しいものを㋐～㋓の中から選び、記号で答えなさい。

㋐　（　A　）　検地　　　（　B　）奉公
㋑　（　A　）　検地　　　（　B　）刀狩
㋒　（　A　）　御恩　　　（　B　）奉公
㋓　（　A　）　御恩　　　（　B　）刀狩

(2)　上の文中の下線部(x)について、1192年に朝廷から征夷大将軍（将軍）に任命され、鎌倉に幕府を開いた人物を㋐～㋓の中から選び、記号で答えなさい。

㋐　源頼朝　　㋑　足利尊氏　　㋒　豊臣秀吉　　㋓　徳川家康

(3)　上の文中の下線部(y)にかかわって、このころ日本に対し、自国にしたがうよう何度も使者を送り、要求がはねつけられたことで２度にわたって九州北部におしよせてきた国と、要求をはねつけた執権と呼ばれる将軍を助ける役職についていた人物の組み合わせとして、正しいものを㋐～㋓の中から選び、記号で答えなさい。

㋐　（　国　）　元　　　（　執権　）藤原道長
㋑　（　国　）　元　　　（　執権　）北条時宗
㋒　（　国　）　明　　　（　執権　）藤原道長
㋓　（　国　）　明　　　（　執権　）北条時宗

Ⅲ　次の資料 A ・ B にかかわって、あとの問いに答えなさい。

A

B

(1)　AとBはともに日本の教育にかかわる、授業の様子をしめしたものです。A・Bの説明の組み合わせとして、正しいものを㋐～㋓の中から選び、記号で答えなさい。

㋐　A　欧米の国にならって、学校の制度が定められ、新しい教え方がとられました
　　B　軍事教練で、戦争のために鉄砲をかつぎ行進することも教えられました

㋑　A　儒学という学問が重んじられ、上下の秩序をたいせつにすることが教えられました
　　B　軍事教練で、戦争のために鉄砲をかつぎ行進することも教えられました

㋒　A　欧米の国にならって、学校の制度が定められ、新しい教え方がとられました
　　B　校舎が焼けてしまった小学校でも、校庭などで授業が始められました

㋓　A　儒学という学問が重んじられ、上下の秩序をたいせつにすることが教えられました
　　B　校舎が焼けてしまった小学校でも、校庭などで授業が始められました

(2)　Aの時期とBの時期の間に起きたできごとである（x）～（z）について、古いものから順に並べたものとして正しいものを㋐～㋓の中から選び、記号で答えなさい。

（x）　ロシアと講和条約を結ぶ
（y）　広島・長崎に原爆が落とされる
（z）　男子普通選挙の制度が定められる

㋐　（x）　→　（y）　→　（z）
㋑　（x）　→　（z）　→　（y）
㋒　（z）　→　（x）　→　（y）
㋓　（z）　→　（y）　→　（x）

2022(R4) 如水館中
教英出版

2022(R4) 如水館中
K 教英出版

如 水 館 中 学 校

令和４年度入学試験

社　　会

（※社会と理科２科目60分）

注　　意

1　試験開始のチャイムが鳴るまで開いてはいけません。
2　問題用紙は11ページあり，問題は［1］から［4］まであります。これとは別に解答用紙が１枚あります。
3　解答用紙には受験番号のみを書きなさい。
4　答えはすべて解答用紙に記入しなさい。

1 下の表は，とう明な５種類の水よう液 A〜E に①〜④の実験を行った結果をまとめたものである。表の結果から，A〜E の水よう液を次の（ア）〜（オ）から選び，記号で答えなさい。

（ア）塩酸　（イ）アンモニア水　（ウ）炭酸水　（エ）石灰水　（オ）食塩水

実験

① 手で少しあおいで，においを確認した。
② 二酸化炭素をふきこんだ。
③ 小さいアルミニウムはくを入れた。
④ 蒸発皿に移して加熱した。

	A	B	C	D	E
①	においはしなかった	つんとしたにおいがした	においはしなかった	つんとしたにおいがした	においはしなかった
②	白くにごった	変化しない	変化しない	変化しない	変化しない
③	変化しない	変化しない	変化しない	あわが出てとけた。	変化しない
④	白いものが残った	何も残らなかった	白いものが残った	何も残らなかった	何も残らなかった

2 次の文章を読み，以下の問いに答えなさい。

8月5日の日ぼつ後，太郎くんはお父さんといっしょにウォーキングに出かけました。

太郎：「今日はきれいな三日月が見えるね。」
父　：「そうだね。月は毎日見え方が変わっていくから，いつ見てもあきないね。」
太郎：「うん。」
父　：「ところで，月はなぜ毎日見え方が変わっていくんだろうね。」
太郎：「それは，（　①　）からだよ。」
父　：「正解です。太郎くんは，よく勉強しているね。」

数日後，太郎くんは再びお父さんといっしょにウォーキングに出かけました。

太郎：「今日の月は満月だよ。満月は明るいなあ。」
父　：「満月の日は，太陽と月の間に地球があるんだよ。通常は，太陽，地球，月が一直線に並ぶことはないから満月になるけれど，完全に一直線に並んだときは地球のかげに月が入ることになるね。」
太郎：「それは（　②　）だね。」
父　：「正解です。」

問1　太郎くんが見た三日月は，どのような形に見えますか，記号で答えなさい。

（ア）　（イ）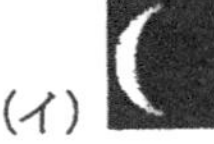　（ウ）　（エ）　（オ）

問2　①で太郎君は何と答えたでしょうか，次の（ア）～（カ）から選び，記号で答えなさい。

（ア）太陽が地球のまわりを回っている
（イ）地球が太陽のまわりを回っている
（ウ）月が太陽のまわりを回っている
（エ）太陽が月のまわりを回っている
（オ）月が地球のまわりを回っている
（カ）地球が月のまわりを回っている

問3　満月が真南に見えるのは何時ごろですか。次の（ア）～（オ）から選び，記号で答えなさい。

（ア）18時
（イ）21時
（ウ）0時
（エ）3時
（オ）6時

問４　下線部の「数日後」とは，何月何日だと考えられますか，次の（ア）～（オ）から選び，記号で答えなさい。

（ア）８月　８日

（イ）８月 11 日

（ウ）８月 14 日

（エ）８月 17 日

（オ）８月 20 日

問５　②に入る現象名を答えなさい。

3 次の各問いに答えなさい。

問1　てこを使い，岩を動かすことにしました。図中の点ア～ウの名しょうを正しく示している組み合わせを，次の①～④から選び，記号で答えなさい。

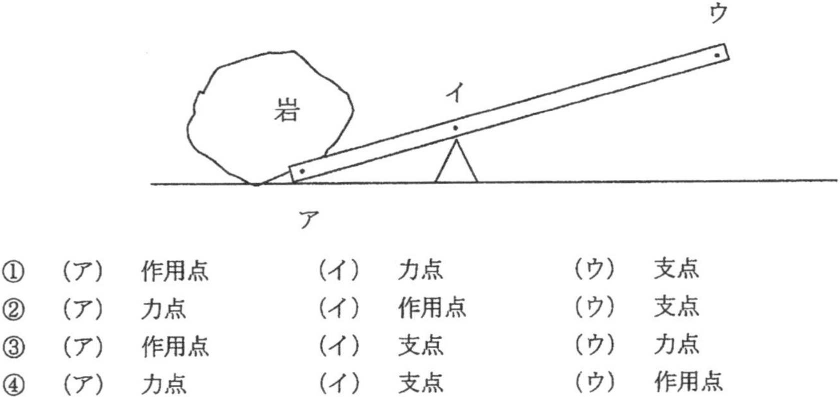

①	(ア)	作用点	(イ)	力点	(ウ)	支点
②	(ア)	力点	(イ)	作用点	(ウ)	支点
③	(ア)	作用点	(イ)	支点	(ウ)	力点
④	(ア)	力点	(イ)	支点	(ウ)	作用点

問2　てこを利用した道具の力点・支点・作用点の位置関係は，下図の3種類があります。①～③にがい当する道具は，どれですか。適切なものを選び，(ア)～(エ)の記号で答えなさい。ただし，⬇は力を加えるところを表しています。

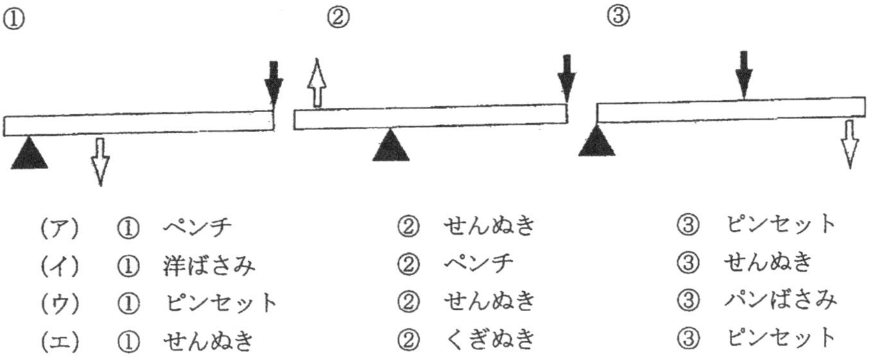

(ア)　①　ペンチ	②　せんぬき	③　ピンセット
(イ)　①　洋ばさみ	②　ペンチ	③　せんぬき
(ウ)　①　ピンセット	②　せんぬき	③　パンばさみ
(エ)　①　せんぬき	②　くぎぬき	③　ピンセット

2022(R4) 如水館中
K 教英出版

如 水 館 中 学 校

令和４年度入学試験

理　　科

（※理科と社会２科目60分）

注　　意

1　試験開始のチャイムが鳴るまで開いてはいけません。
2　問題用紙は７ページあり，問題は[1]から[6]まであります。これとは別に解答用紙が１枚あります。
3　解答用紙には受験番号のみを書きなさい。
4　答えはすべて解答用紙に記入しなさい。

7 あなたはウェブサイトで以下のお知らせを見つけました。その内容について以下の問いに対する答えとして最も適切なものを 1, 2, 3, 4 の中から一つ選び、番号で答えなさい。

Mihara Baseball Stadium

OPENING EVENT March 11th

Mihara Baseball Stadium will open for the season on March 13th. An opening event will be held at the new stadium on March 11th. Everyone can come and watch a special game (the Mihara Dolphins vs the Kurashiki Tigers). There is no charge for admission. Let's support the Mihara Dolphins!!!

There are 6 special events. Please enjoy our new baseball stadium!

	West area	East area
10:00-11:30	Dance performance Josuikan Junior High School students will perform on the stage.	Handshake event Five players will come! They are still secret.
11:30-12:30	Photo event You can take photos with your favorite players. (1 photo – 150 yen)	Treasure hunting You can find some baseball cards in a special area. Try to collect as many cards as you can.
12:30-14:00	Quiz event We will ask questions about the players of the Mihara Dolphins. Get information from them and enjoy the special game more!	Playing catch Some pro players will come. You can play catch with a player. (Each player – 1 min.)
18:00	Play ball!! (the Mihara Dolphins vs the Kurashiki Tigers)	

We will open the gate at 9:00. When you join this special event, you need to wear a mask and use the alcohol in front of the gate. If you have any questions, please send an e-mail to this address by March 9th.

E-mail : BaseballFan@Mihara.stadium

5 次の（　　）内に入る最も適切なものをA, B, C, Dの中から一つ選び、記号で答えなさい。

(1) My father likes jazz, but I (　) like it.
A) isn't　　B) aren't　　C) don't　　D) doesn't

(2) A: What do you usually have for (　).
B: Toast and two eggs.
A) breakfast　　B) morning　　C) cafeteria　　D) vegetables

(3) We can (　) a lot of stars in the sky.
A) see　　B) saw　　C) sees　　D) seeing

(4) A: Welcome (　) my house. Please come in.
B: Thank you.
A) in　　B) on　　C) for　　D) to

(5) I (　) chocolate with my family yesterday.
A) eat　　B) ate　　C) eats　　D) eating

6 次の日本文の意味を表すように①〜④までを並べかえ、（　　）の中で2番目と4番目にくるものを番号で答えなさい。ただし、（　　）の中では、文のはじめにくる語（句）も小文字になっています。

(1) あの山の高さはどれくらいありますか。
(① high ② that ③ is ④ how) mountain?

(2) 私は毎朝7時に起きます。
I (① up ② get ③ seven ④ at) every morning.

(3) あなたの兄はどこに住んでいますか。
(① where ② live ③ does ④ your brother)?

(4) マイク、昼食の時間ですよ。
Mike, (① it's ② lunch ③ for ④ time).

(5) これは私の友人たちの写真です。
This (① a picture ② of ③ is ④ my friends).

【筆記問題】

4 次の二人の会話が成立するように（　　）内に入る最も適切なものを A, B, C, D の中から一つ選び、記号で答えなさい。

(1) A ： How are you today, Ms. Tanaka?
B ： (　)

A） Not so good.
B） It's in my car.
C） See you tomorrow.
D） No, thank you.

(2) A ： Sakura, open the window, please.
B ： (　)

A） Next week.
B） It's long.
C） Near the door.
D） All right.

(3) A ： Jim, (　)
B ： It's my mom's.

A） where is my watch?
B） when is your birthday?
C） whose bag is this?
D） what do you like?

(4) A ： Hello. This is David. May I speak to Emma?
B ： (　)

A） That's too bad.
B） You're welcome.
C） Sure, here you are.
D） I'm sorry, but she is not home now.

(5) A ： What do you usually do on Sundays?
B ： (　)

A） She is a famous singer.
B） I watch movies.
C） Yes, I do.
D） Have a good time.

2 英文と質問を聞き、その答えとして最も適切なものをA, B, C, Dの中から一つ選び、記号で答えなさい。英文と質問は2度放送されます。

No. 1　A）Orange juice.　B）Omelets.
　　　C）Chocolate cakes.　D）Seafood.

No. 2　A）A science club.　B）A soccer club.
　　　C）A brass band club.　D）An art club.

No. 3　A）Hokkaido.　B）Hiroshima.
　　　C）Fukuoka.　D）Okinawa.

3 英文を聞き、①～④の空所に入る語を書きとりなさい。英文は2度放送されます。

Jim has a (①) at home. He takes it for a (②) in the park every day. It was very (③) this morning. So he couldn't get up at the usual (④).

リスニング問題は以上です。続いて、筆記問題に入ってください。

【リスニング問題】　※音声と放送原稿非公表

1　次の No.1～No.5 の英文を聞いて、その内容を最もよく表しているイラストをア～ウの中から一つ選び、記号で答えなさい。英文はそれぞれ２度放送されます。

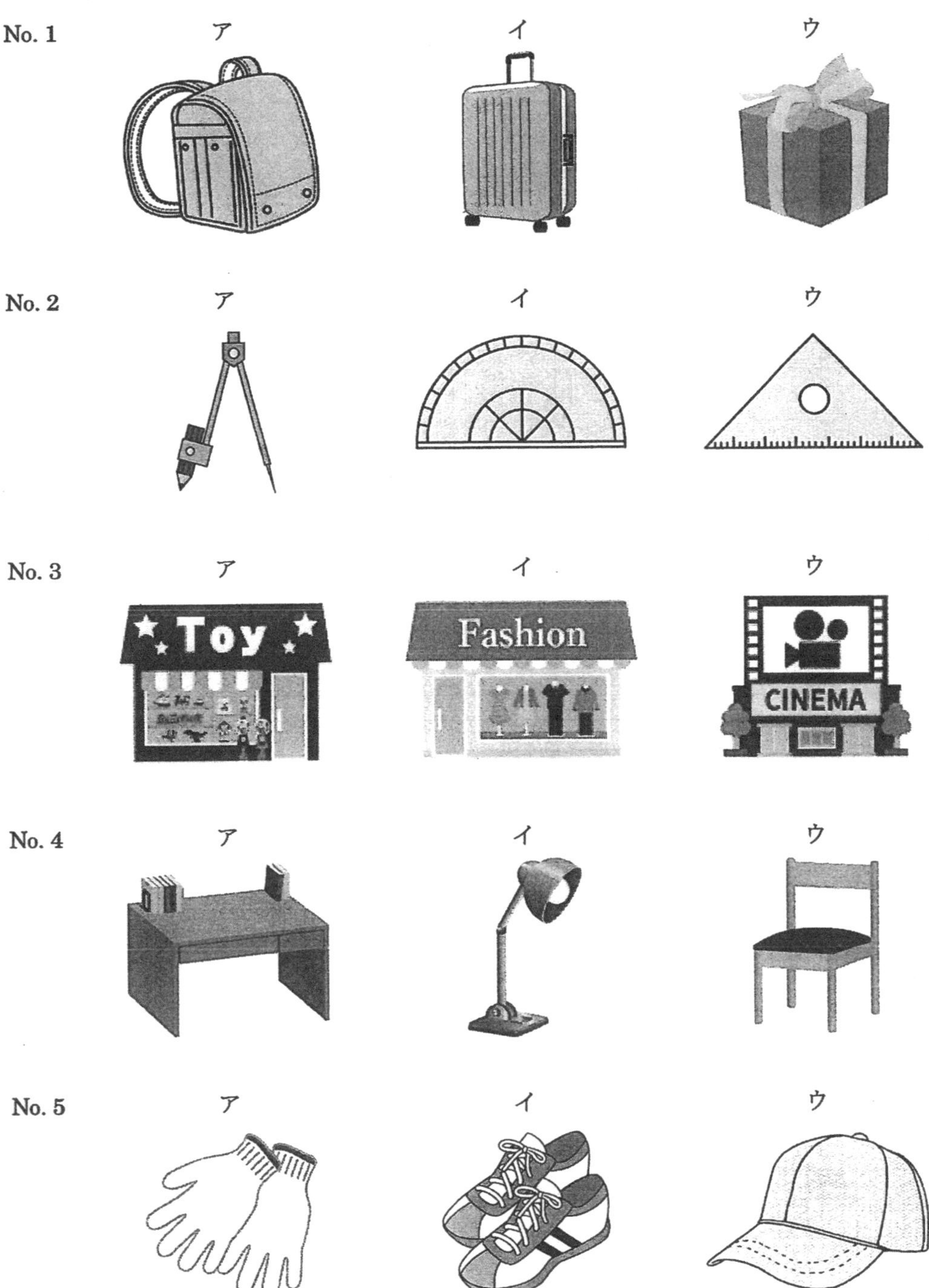

如 水 館 中 学 校

令和４年度入学試験

英　　語

（50分）

注　　意

1　試験開始のチャイムが鳴るまで開いてはいけません。
2　問題用紙は８ページあり，問題は[1]から[8]まであります。これとは別に解答用紙が１枚あります。
3　解答用紙には受験番号のみを書きなさい。
4　答えはすべて解答用紙に記入しなさい。

3 次の問いに答えなさい。(ただし，円周率が必要なときは，３．１４を用いること)

（１） 上底が６ｃｍ，下底が８ｃｍ，高さが１０ｃｍの台形の面積を求めなさい。

（２） 右の図は，角Ｂが９０°の直角三角形で，頂点ＡとＣのそれぞれを中心とする半径４ｃｍの円周の一部をかいたものです。次の問いに答えなさい。

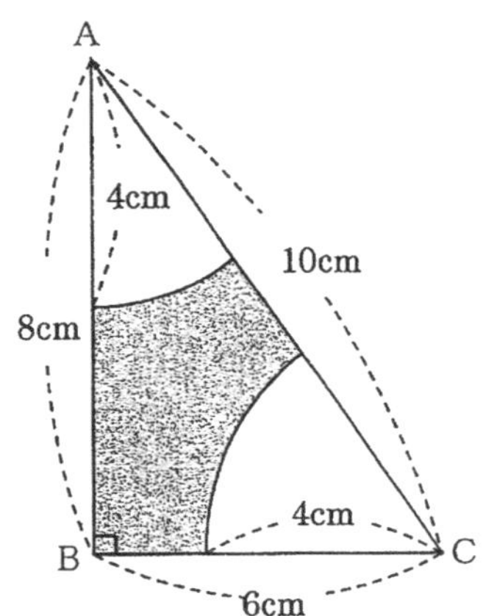

①かげをつけた部分の周りの長さを求めなさい。

②かげをつけた部分の面積を求めなさい。

（３） 右の図は，円柱の展開図です。この展開図を組み立ててできる円柱の体積を求めなさい。

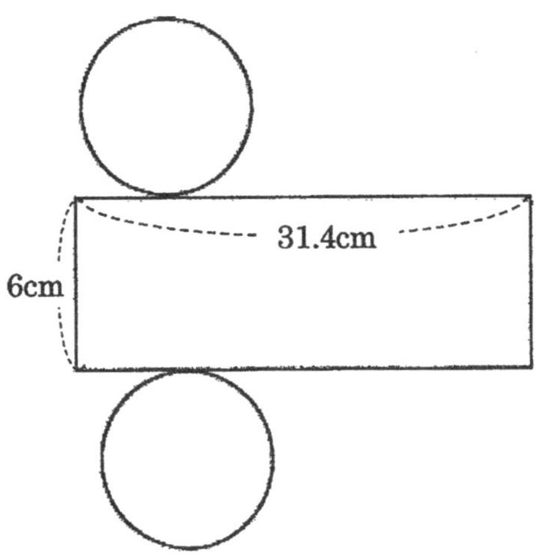

2 次の問いに答えなさい。

（1） ０．１ｋｍは何ｃｍですか。

（2） ２４と３０の最小公倍数を求めなさい。

（3） 次の□には同じ整数が入ります。□にあてはまる数を求めなさい。

１２×（□×５－２×□）＝７２０

（4） 次の計算は，3けたと2けたの整数をたしたひっ算であり，Ａ，Ｂには１から９までのいずれかの整数が入ります。このとき，Ｂにあてはまる数を求めなさい。ただし，同じアルファベットには同じ数が入ります。

```
   ＡＢＢ
＋   ＡＢ
────────
   ＢＡＡ
```

（5） １６０Ｌの水を大小２つの水そうに分けて入れます。大きい水そうの水の量を小さい水そうの水の量の２倍より１０Ｌ多くしたとき，小さい水そうの水の量は何Ｌですか。

（6） Ａ町からＢ町まで３ｋｍあります。太郎くんはＡ町からＢ町まで時速６ｋｍで歩き，次郎くんはＢ町からＡ町まで分速５０ｍで歩きます。太郎くんと次郎くんが同時に出発するとき，ふたりが出会うのは，出発してから何分後ですか。

1 次の計算をしなさい。

（1） $411-85+33$

（2） $2244\div66\div17$

（3） $602-27\times6$

（4） $(36.1-25.5\div15)\times2-43.25$

（5） $\left(\frac{4}{5}-\frac{1}{2}\right)\div0.6$

（6） $2022\times25\times8\times5$

如 水 館 中 学 校

令和４年度入学試験

算　　数

（50分）

注　　意

1　試験開始のチャイムが鳴るまで開いてはいけません。
2　問題用紙は６ページあり，問題は[1]から[6]まであります。これとは別に解答用紙が１枚あります。
3　解答用紙には受験番号のみを書きなさい。
4　答えはすべて解答用紙に記入しなさい。

びて、茎となり、葉を繁らせるのである。

[10] 一度茎が折れてしまうと成長が完全に止まってしまう。わき芽をたくさん持っているから、折れても折れても再び成長を始めることができるのである。

雑草にとっては積極的に「わきめ」を振ることがとても大切なのである。

（『雑草は踏まれても諦めない』　稲垣　栄洋）

＊軌跡……たどってきた跡

＊分枝……枝分かれした茎

問一　ぼう線部①「そんな」とありますが、具体的にはどんなことですか。本文中の言葉を用いて三十字以内で書きなさい。

問二　[3]段落は[2]段落に対してどのような関係になっていますか。最も適切なものを次の中から選び、記号で答えなさい。

ア　[2]段落で出した結論の根拠を、順を追って説明している。

イ　[2]段落で述べた内容とは、対照的な事例を紹介している。

ウ　[2]段落の内容について、具体例を示して話題を展開している。

エ　[2]段落の内容について、別な言葉を使用して言い換えている。

問三　空らん[A]・[B]に当てはまる語の組み合わせとして、最も適切なものを次の中から選び、記号で答えなさい。

ア　A　さらに　　B　たとえば

イ　A　だから　　B　また

ウ　A　そして　　B　しかし

エ　A　なぜなら　B　だから

問四　ぼう線部②「やみくもに」のここでの意味として最も適切なものを次の中から選び、記号で答えなさい。

ア　人の不意をついて　　イ　しかたがないので　　ウ　明かりを消した中で　　エ　先の見通しもつかず

問五　ぼう線部③「多くは芽のままで成長を止める」とありますが、その理由を次のように説明します。空らんに入れるのに適切な語句を、本文中からそれぞれ六字でぬき出して答えなさい。

・（　a　）が、（　b　）を止めているから。

問六　この文章からは次の一文が抜けています。どの段落の最初に入れたらよいか、段落番号で答えなさい。

もし、わき芽がなかったらどうだろう。

問七　この文章の内容に合うものを次の中から一つ選び、記号で答えなさい。

ア　人間と同様、植物にとっては節目もわき目（芽）も大切である。

イ　節目が少ない植物は、茎が切れやすいので枯れることが多い。

ウ　節目の重要な役割は、茎が切れた時に根を伸ばすことである。

エ　わき芽を多く作ることで、植物の生育速度は抑えられている。

三 漢字の読みには、音と訓があります。次の熟語の読みは、どの組み合わせですか。後のア～エから選び、記号で答えなさい。

① 医師　② 青空　③ 味方　④ 店番　⑤ 厚着

ア　音と音　イ　音と訓　ウ　訓と訓　エ　訓と音

四 次の漢字と反意の漢字が、（　）に入ります。後の語群から選んで漢字で答え、熟語を完成させなさい。

① 利（　）　② （　）夜　③ 寒（　）　④ 出（　）　⑤ 断（　）

しょ・ちゅう・けつ・がい・ぞく

五 次の（　）に共通する、体の部分に関する漢字を答え、慣用句を完成させなさい。

① （　）が高い　（　）を疑う
② （　）が高い　（　）をおる
③ （　）が広い　（　）がきく
④ （　）を落とす　（　）を持つ
⑤ （　）を割る　（　）をくくる

2022(R4) 如水館中
教英出版

2022(R4) 如水館中
K 教英出版